CALCULS ET TABLEAUX

SUR

L'AVANCE DU TIROIR, LES TUYAUX D'ÉCHAPPEMENT, LES CONDUITS DE VAPEUR ET DE FUMÉE

DANS LES

MACHINES LOCOMOTIVES

(Extrait du Guide du Mécanicien Conducteur de Machines locomotives),

PRÉCÉDÉS

D'UNE LETTRE A M. ARAGO,

SECRÉTAIRE PERPÉTUEL DE L'ACADÉMIE DES SCIENCES;

PAR

EUGÈNE FLACHAT ET JULES PETIET,

Ingénieurs Civils.

A MONSIEUR ARAGO,

SECRÉTAIRE PERPÉTUEL DE L'ACADÉMIE DES SCIENCES.

Monsieur,

Nous avons l'honneur de vous soumettre quelques résultats saillans, auxquels nous sommes arrivés par des calculs assez étendus sur les machines locomotives.

Nos observations ont été faites sur cinquante machines des chemins de fer de Saint-Germain et de Versailles (rive droite), et, par conséquent, sur des locomotives spécialement affectées au transport des voyageurs.

L'avance du tiroir, la pression qui se maintient dans le tuyau d'échappement, et la puissance nécessaire pour le tirage, sont les trois points sur lesquels ont porté nos calculs.

Les effets de l'avance du tiroir ont été jusqu'ici peu étudiés, et envisagés même d'une manière inexacte, car on admet qu'elle diminue la puissance de traction des machines.

Le tiroir, ou distributeur de vapeur, est conduit généralement, dans les machines locomotives, par un excentrique. Celui-ci, qui est monté sur l'essieu coudé, est ordinairement fixé d'équerre sur la manivelle. Le tiroir qu'il conduit est ainsi au milieu de sa course quand la manivelle est au point mort, et, par conséquent, toutes les lumières sont fermées : elles s'ouvrent, au contraire, aussitôt que la manivelle dépasse le point mort; une des lumières admet la vapeur, l'autre laisse sortir celle qui a agi. Le tiroir et l'excentrique sont alors placés normalement.

Après avoir analysé le mouvement du tiroir, nous avons déterminé les vitesses de passage de la vapeur suivant que l'excentrique était normal ou qu'il avait une certaine avance, c'est-à-dire qu'il était incliné d'un certain angle sur sa position normale, et enfin quand on donnait en outre un recouvrement extérieur aux tiroirs.

Dans le premier cas, la vitesse de passage de la vapeur est sensiblement constante: dans le second, cette vitesse est très faible au commencement de la course; elle augmente rapidement à partir du milieu jusqu'à la fermeture qui a lieu avant la fin de la course. Et enfin, en y joignant le recouvrement, toutes les ouvertures sont plus petites, et, par suite, toutes les vitesses augmentent: mais néanmoins ces vitesses sont encore faibles au commencement de la course, seulement elles augmentent plus tôt et plus rapidement, et la fermeture complète a lieu également plus tôt.

Considérées comme écoulement constant, et correspondant seulement au volume engendré par le mouvement du piston, c'est-à-dire pour l'introduction de la vapeur dans le cylindre, les vitesses de passage sont toujours faibles et n'entraînent dans la plus grande partie de la course qu'une tension génératrice insignifiante. Si avec de l'avance et du recouvrement ces vitesses, à partir des 2/3 de la course, deviennent considérables, cela ne peut avoir que des avantages; puisque moins de vapeur est introduite, et que celle qui est dans le cylindre peut agir comme détente.

L'avance, unie au recouvrement, peut donc avoir un avantage, mais c'est comme fermeture prématurée; et non sous le rapport de la quantité dont la lumière est ouverte au commencement de la course, comme on le pense généralement. En un mot, ce n'est pas l'inconvénient de l'ouverture trop faible des lumières d'introduction que doit corriger l'avance du tiroir.

Si nous nous reportons aux lumières de sortie, les vitesses de passage correspondant aux volumes poussés par le piston seront également faibles : mais ici la question change. Ce n'est plus en effet le volume seul du cylindre qui doit s'échapper, mais un volume infiniment plus considérable. Le cylindre est rempli de vapeur à haute pression ; pour que la tension soit réduite à la tension atmosphérique, il est nécessaire qu'il y ait détente : et pour que la pression ne se conserve pas, et ne fasse pas obstacle au mouvement du piston qui revient, il faudrait que l'écoulement eût lieu instantanément. Or un volume de 100, rempli de vapeur à une pression absolue de 5 atmosphères, devra laisser échapper un volume de 147 de vapeur à des densités successivement plus faibles, pour être réduit à la tension atmosphérique. Ce volume si considérable ne peut s'échapper instantanément ; sur-tout, parceque le tiroir s'ouvre d'abord fort peu, il en résulte que la pression se perpétue au moins pendant 45°, et souvent pendant 70°, de la course de la manivelle.

Nous avons déterminé par arcs de 5° la valeur de cette pression, qui a été obtenue assez difficilement parceque d'un côté on a de la vapeur dont la tension diminue à mesure que l'écoulement a lieu, et par conséquent des vitesses variables, et de l'autre des ouvertures de lumière qui augmentent à chaque instant. Pour arriver à un résultat, nous avons établi une espèce d'échelle indiquant les volumes sortis, pour que la pression descende de quart en quart d'atmosphère, et mettant en regard les vitesses d'écoulement. On obtient ainsi une loi entre le volume sorti et la vitesse correspondante, de manière à pouvoir y intercaler tous les volumes et toutes les vitesses. On détermine ensuite et successivement les volumes écoulés par l'ouverture du tiroir pendant chaque arc de 5°, en se donnant pour condition que les volumes écoulés et les vitesses supposées s'accordent parfaitement avec les chiffres analogues de la première série. **Nous avons enfin analysé arithmétiquement** l'écoulement de la vapeur par rapport au mouvement du tiroir.

Des calculs analogues ont été répétés pour la même machine à des tensions absolues de vapeur de 5, 4, 3 et 2 atmosphères, et pour des vitesses de marche correspondant à des forces de vaporisation de 90, 120 et 160 k. d'eau par mètre carré de chauffe réduite et par heure.

En embrassant ainsi toutes les conditions de marche de la machine, nous avons **reconnu** que la pression après l'ouverture de la lumière se perpétuait au moins pendant 45", et quelquefois jusqu'à 70°, suivant le plus ou moins de vitesse et le plus ou moins de vapeur employée.

Le travail ainsi perdu variait de 4 à 14 pour %, et était en moyenne 8 pour % du travail théorique de la vapeur.

Ce fait bien clairement démontré, de la manière dont la pression se conserve contre le piston, faisait ressortir immédiatement la nécessité d'une avance considérable. Avec une avance de 25° par exemple, que nous regardons comme convenable, la pression, qui se maintient encore long-temps après l'ouverture de la lumière, est utilisée pendant la fin de la course : et plus tard, quand le piston revient, le travail perdu est très faible ; parceque la pression est déjà beaucoup diminuée, et qu'elle s'applique à des chemins parcourus très restreints dans les premiers arcs.

L'avance donne ici un double avantage : elle évite une résistance, et elle l'utilise. Le travail gagné par ces deux causes s'élève jusqu'à 15 pour % pour les grandes vitesses et une production énergique de vapeur, et il est encore au minimum de 8 pour % pour une vitesse de 6 lieues à l'heure et la plus faible vaporisation (90 k). Ces derniers avantages sont spéciaux à la lumière de sortie.

Nous devons y joindre les effets de l'avance à l'introduction, dont nous avons parlé, qui produisent une économie de vapeur en appliquant la détente. Si l'on a soin de donner du recouvrement extérieur au tiroir, et d'éviter par conséquent les contre-vapeurs, toujours nuisibles, le bénéfice total qu'on trouve par l'application d'une avance de 25°, et d'un recouvrement égal aux 2/3 de la quantité linéaire que représente cette avance, ce bénéfice, disons-nous, variera de 26 à 34 pour % du travail théorique de la vapeur!

En recherchant si l'avance diminue l'effort de traction des machines, comme l'a observé M. de Pambour dans ses expériences sur les plans inclinés du chemin de fer de Liverpool, nous trouvons que ce fait n'existe que dans l'état d'équilibre, c'est-à-dire la machine arrêtée; mais quand elle est en marche à sa vitesse normale, c'est-à-dire pouvant dépenser toute la vapeur qu'elle produit, son effort de traction sera toujours plus considérable avec de l'avance, que sans avance, parceque l'économie de résistance de l'échappement compense toujours, et bien au delà, la faible diminution de puissance due à la détente.

Ainsi donc: *augmentation de puissance* de traction, *diminution de consommation* de vapeur; tels sont les avantages dus à l'avance, avantages qui sont au moins de 25 pour % pour une avance convenable.

C'est sur ce résultat si saillant et si important que nous appellerons principalement votre attention; c'est en effet la partie la plus nette et la plus positive de notre travail. Nos autres études nous ont amenés à des inductions importantes, mais qui devront être éclairées et corroborées par des expériences.

Au point de vue de l'accélération de la marche des machines, *l'avance du tiroir* est essentiellement utile; puisqu'elle permet de tirer un plus grand parti de la même quantité de vapeur: mais cependant ce n'est pas dans l'absence d'avance que réside le principal obstacle à l'augmentation de la vitesse de marche des machines.

Le tuyau d'échappement, et la pression qu'il maintient contre le piston, nous ont vivement préoccupés : nous avions en effet calculé la résistance de la vapeur au passage des lumières, et vérifié l'influence de leur surface de section ; ne devions-nous pas être frappés de l'énorme diminution de surface de l'échappement, qui n'est en général que le quart de celle des lumières ! Et cependant celles-ci livrent passage à de la vapeur assez dense, tandis que par le tuyau d'échappement la vapeur, étant en grande partie détendue, occupe un bien plus grand volume.

Il y avait donc au premier abord un obstacle très grave à l'issue de la vapeur, et, par suite, la probabilité d'une grande perte de force.

La pression dans le tuyau d'échappement doit être très irrégulière ; très considérable au moment où le tiroir s'ouvre, elle se réduit presqu'à zéro aussitôt qu'il ne s'échappe plus que de la vapeur poussée par les pistons.

Pour arriver à des calculs simples et comparatifs, nous avons supposé un très grand réservoir remplaçant la partie inférieure du tuyau d'échappement, de manière à faire régulateur, et à avoir un écoulement continu. Il existerait alors dans ce réservoir une pression que nous avons déterminée facilement. Il suffisait d'admettre que la vapeur, sortant du cylindre, se détendît naturellement dans le réservoir à une tension moyenne, qui dépassât celle de l'atmosphère d'une certaine quantité. Cette pression génératrice devait être suffisante pour imprimer à la vapeur une grande vitesse, capable de satisfaire à l'écoulement complet.

IX

Par cette méthode il n'était pas nécessaire de tenir compte ni de la vitesse de marche de la machine, ni de la tension initiale de la vapeur, mais seulement de la quantité de vapeur dépensée par unité de temps.

L'application de ces calculs aux machines locomotives a montré que pour une vaporisation de 120 k. seulement par mètre carré de surface de chauffe réduite et par heure, cette pression moyenne effective dans le tuyau d'échappement variait de 1/5 à 1/2 atmosphère dans les diverses machines.

En supposant une consommation de vapeur correspondant à une production de 200 k. par heure et par mètre carré de chauffe réduite, cette pression moyenne effective dans le tuyau d'échappement s'élevait de 0,45 à 1 atmosphère et même encore plus.

Il y a donc dans le rétrécissement supérieur du tuyau d'échappement nécessaire pour avoir un tirage très énergique une résistance considérable, et qui certainement limite en partie la vitesse de marche des machines.

Les pressions calculées d'après cette méthode sont cependant des minima toujours dépassés. Nous nous en sommes assurés de deux manières: la première en analysant les pressions variables qui se développent pendant chaque quart de tour de roue; et nous avons trouvé que la pression moyenne ainsi obtenue augmentait avec la tension initiale, et qu'elle s'élevait jusqu'au double de celle obtenue par la première méthode.

Nous avons enfin appliqué des manomètres sur le tuyau d'échappement de plusieurs machines, et nos calculs ont été pleinement justifiés puisque la pression effective s'est élevée quelquefois jusqu'à 1 et 1/4 atmosphère effective pour une des machines.

Ces expériences seront continuées, mais évidemment il y a là une grande perte de force et, de plus, un travail considérable appliqué à produire le tirage.

Nous avions à rechercher si ce travail était bien employé, c'est-à-dire si les résistances que la fumée éprouvait dans son mouvement exigeaient autant de force.

Les vitesses d'écoulement de la fumée par la cheminée correspondant à une combustion ordinaire sont très considérables, et peuvent être comparées à une vitesse de passage de l'air par les buses des hauts fourneaux et des fours à manche. Elles exigent évidemment une grande force; mais ce qu'il y a de remarquable c'est que cette force, qui se compte déjà par 10 et 20 chevaux, n'est cependant qu'une fraction encore de celle qui est nécessaire pour faire passer l'air à travers le combustible. Ce fait s'explique, du reste, en partie, par la comparaison des machines locomotives aux machines fixes; dans celles-ci où le tirage a lieu au moyen de hautes cheminées et correspond, par conséquent, à un travail réel, la combustion est 6 ou 8 fois moins active que dans les machines locomotives. Ainsi un décimètre carré de grille brûle par heure 6 ou 8 fois plus de combustible dans les machines locomotives que dans les machines fixes. On comprend alors quelle doit être l'énergie du tirage, et l'obligation où l'on se trouve de réserver une pression notable dans le tuyau d'échappement au moyen d'un retrécissement convenable

En résumé, à des résultats bien nets sur la nécessité d'appliquer à toutes les machines locomotives l'avance du tiroir et à la constatation de l'économie qui doit en résulter, nous avons annexé des calculs sur les tuyaux d'échappement et sur les cheminées. Ils font apparaitre des faits fort curieux sur l'absorption de puissance due au tirage et sur son emploi pour activer la combustion.

En nous livrant, comme nous l'avons fait, à l'étude des machines locomotives, nous avons été souvent préoccupés des limites qui doivent être posées à la marche des convois sur les chemins de fer. La vitesse de 8 à 10 lieues à l'heure, qui nous semble déjà si restreinte, ne peut-elle être dépassée, et quelles sont les causes qui empêcheraient d'atteindre des vitesses de 12 et de 16 lieues?

Pour une grande ligne, en effet, de 200 à 300 lieues et pour le transport des dépêches, cette nouvelle accélération correspondrait à une grande économie de temps. De Paris à Marseille, le trajet qui doit se faire, en moyenne, en 24 heures, à raison de 8 lieues à l'heure, pourrait s'effectuer en 18 et même 15 heures, c'est-à-dire du soir au matin. M. Brunel, dans son chemin de fer de Bristol (Great-western railway), a fait tendre tous ses efforts vers ce but, et l'on ne peut nier que, malgré toute l'opposition qu'il a rencontrée dans les autres ingénieurs et malgré les quelques erreurs et mécomptes toujours inséparables d'applications entièrement nouvelles, il n'ait en grande partie réussi. La vitesse sur le chemin de fer de Bristol est en général plus grande que sur les autres lignes, et il y a des expériences faites sur des convois de 40 *tonnes* transportés à la vitesse de 38 *milles* ou 15 *lieues à l'heure*, en moyenne, sur la distance entière de 30 milles.

Pour atteindre de grandes vitesses de marche, le point essentiel est une très grande vaporisation et par conséquent une surface de chauffe très développée. Sous ce rapport l'adoption générale des machines à 6 roues a permis de faire de grands perfectionnemens, et les dernières machines du chemin de fer de Bristol et de celui de Versailles (rive droite) présentent des surfaces de chauffe près du double aussi considérables que celles des anciennes machines. La répartition du poids sur 6 points d'appui, la stabilité de ces espèces de machines, et la solidité toujours croissante des rails, ont donné la facilité d'augmenter le poids des machines, qui de 4000 k., poids imposé dans le concours à Liverpool, est maintenant élevé jusqu'à 16000 k. et même 20000 k. pour les machines à grandes roues du Great-western railway.

Mais ces puissantes machines elles-mêmes ne pourraient remorquer des trains considérables à de grandes vitesses si la force de vaporisation par élément de surface de chauffe restait dans les anciennes limites, ou ce qu'elle est encore aux faibles vitesses. Elles ne pourraient encore alimenter leurs cylindres de vapeur à pleine tension qu'à une vitesse réduite et ne dépassant pas 10 lieues à l'heure. Il est donc nécessaire pour aller à grande vitesse d'augmenter la production de vapeur par surface élémentaire de chauffe, et cet effet se produit naturellement par la fréquence des coups d'échappement; mais cette grande activité dans la sortie de la vapeur a pour résultat l'augmentation de la pression dans le tuyau d'échappement. Les frottemens et les résistances constantes de la machine sont alors augmentés de toute cette pression nouvelle, d'autant plus préjudiciable qu'elle oblige à l'emploi de la vapeur plus dense dans le cylindre.

Si l'on ajoute à ces faits l'appréciation de la résistance de l'air, qui prend une importance très grande quand on a dépassé 10 à 12 lieues à l'heure, et qui pour des vitesses de 16 à 18 lieues à l'heure correspond à une pression sur la surface du train qui serait probablement sensible au manomètre, on arrive à cette conclusion:

Que pour des machines qui sont calculées pour aller à de grandes vitesses il faut non-seulement un très grand développement de la surface de chauffe et un bon emploi de la vapeur au moyen de l'avance, etc., mais il faut que le poids du train que l'on veut remorquer ne corresponde qu'à une fraction minime de la surface du piston et que l'on réserve dans la détermination de cette surface et par rapport à la tension de la vapeur dans la chaudière des parts considérables pour vaincre la pression additionnelle dans le tuyau d'échappement nécessaire pour donner une énergie extraordinaire à la combustion et une autre part pour vaincre la résistance de l'air.

Une machine qui, à 8 lieues à l'heure, remorque 100 tonnes en marchant à pleine pression, devra encore marcher à une tension très forte pour remorquer 40 *tonnes* à 16 *lieues* à l'heure: 3/5 de la puissance de la machine étant employés à vaincre des résistances créées par la grande vitesse.

Quant à présent la vitesse de 16 lieues est à-peu-près la limite *au point de vue commercial*, c'est-à-dire avec un poids notable remorqué, et encore elle ne s'obtient qu'avec des *frais considérables*. Elle n'est donc applicable qu'au transport des voyageurs de luxe et sur-tout de la correspondance.

Ces dernières considérations indiquent que les résultats que nous avons obtenus sur l'avance, les tuyaux d'échappement et le tirage sont intimement liés à cette grande question de l'accélération de la marche des machines sur les chemins de fer, qui intéresse la science à un si haut degré. Nous espérons que l'Académie voudra les prendre en sérieuse considération.

Paris, le 22 novembre 1839.

OBSERVATIONS PRÉLIMINAIRES.

Pour l'intelligence complète des calculs il est nécessaire d'y annexer les cinq tableaux suivans :

Le premier donne les températures, volumes et densités de la vapeur à diverses tensions.

TABLE des températures et des volumes de la vapeur à diverses pressions.

PRESSIONS DE LA VAPEUR A SA NAISSANCE.			TEMPÉRATURES en degrés centigrades correspondantes aux diverses pressions.	VOLUME en litres d'un kilogramme de vapeur à la pression indiquée et à sa température réelle.	POIDS DU MÈTRE CUBE DE VAPEUR.
En atmosphères.	En mètres de mercure.	En kilogrammes par mètre carré.			
10.00	7.60	103360	182.00	207.98	4.808
9.00	6.84	93020	177.40	228.72	4.373
8.00	6.08	82680	172.13	254.27	3.934
7.00	5.32	72350	166.42	286.70	3.488
6.75	5.13	69770	164.84	296.35	3.374
6.50	4.94	67190	163.25	306.62	3.261
6.25	4.75	64610	161.54	317.58	3.149
6.00	4.56	62010	160.00	329.65	3.033
5.75	4.37	59430	158.30	342.76	2.917
5.50	4.18	56850	156.70	356.86	2.802
5.25	3.99	53270	155.00	372.32	2.690
5.00	3.80	51680	153.30	389.38	2.568
4.75	3.61	49100	151.15	406.76	2.457
4.50	3.42	46520	149.15	428.36	2.334
4.25	3.23	43940	146.76	450.96	2.217
4.00	3.04	41340	144.95	477.05	2.096
3.75	2.85	38760	142.70	506.15	1.972
3.50	2.66	36180	140.35	539.10	1.855
3.25	2.47	33600	137.70	576.83	1.734
3.00	2.28	31000	135.00	620.74	1.611
2.75	2.09	28420	132.15	672.36	1.487
2.50	1.90	25840	128.85	733.45	1.363
2.25	1.71	23260	125.50	808.00	1.238
2.00	1.52	20670	121.55	899.91	1.111
1.75	1.33	18090	117.10	1016.66	0.984
1.50	1.14	15510	112.40	1171.59	0.854
1.25	0.95	12930	106.60	1384.36	0.722
1.00	0.76	10340	100.00	1700.00	0.588
0.75	0.57	7760	92.00	2217.20	0.451
0.50	0.38	5180	82.00	3229.36	0.310
0.25	0.19	2600	66.00	6198.38	0.161

Les vitesses d'écoulement de la vapeur peuvent être calculées de la même manière que pour les liquides en prenant pour génératrice la hauteur d'une colonne de gaz de la même densité et dont le poids serait égal à la pression effective sous laquelle a lieu l'écoulement, ainsi en appelant :

p le poids du mètre cube de la vapeur qui s'échappe.

P la tension absolue par mètre carré de cette vapeur (tension rapportée au vide).

P' la tension absolue du milieu dans lequel l'écoulement se fait.

La pression effective sera $P - P'$.

et la vitesse.......... $$V = \sqrt{2g \times \frac{P - P'}{p}}$$

Nous avons déterminé par cette formule les vitesses suivantes.

Nous donnons d'abord les vitesses d'écoulement dans l'atmosphère.

TABLE des poids et des vitesses de la vapeur s'échappant dans l'atmosphère à diverses pressions.

Pression absolue de la vapeur qui s'écoule.	Poids du mètre cube.	Vitesse d'écoulement par seconde.	Pression absolue de la vapeur qui s'écoule.	Poids du mètre cube.	Vitesse d'écoulement par seconde.	Pression absolue de la vapeur qui s'écoule.	Poids du mètre cube.	Vitesse d'écoulement par seconde.
5.00	2.568	562	1.60	0.900	368	1.09	0.630	170
4.75	2.457	554	1.50	0.854	343	1.08	0.626	161
4.50	2.334	549	1.45	0.830	331	1.07	0.622	151
4.25	2.217	546	1.40	0.800	318	1.06	0.619	140
4.00	2.096	537	1.35	0.778	302	1.05	0.610	129
3.75	1.972	530	1.30	0.150	285	1.04	0.607	116
3.50	1.855	520	1.25	0.722	265	1.03	0.601	101
3.25	1.734	512	1.22	0.705	252	1.02	0.598	83
3.00	1.611	502	1.20	0.693	242	1.01	0.595	58
2.75	1.487	488	1.18	0.681	232	1.005	0.590	41
2.50	1.363	472	1.16	0.670	220	1.00	0.588	0
2.25	1.238	451	1.14	0.658	213	»	»	»
2.00	1.111	427	1.12	0.647	194	»	»	»
1.75	0.984	394	1.10	0.636	178	»	»	»

Nous avons effectué des calculs analogues en faisant diverses hypothèses

sur la pression de la vapeur qui s'écoule et sur celle du récipient, le tableau suivant les résume.

ÉCOULEMENT de la vapeur dans un milieu à une pression plus faible.

VAPEUR A 5 ATMOSPHÈRES absolues.			VAPEUR A 4 ATMOSPHÈRES absolues.			VAPEUR A 3 ATMOSPHÈRES absolues.		
Pression dans le récipient.	Pression effective en kilogram. par m. q.	Vitesse d'écoulement en mètres par 1''.	Pression dans le récipient.	Pression effective en kilogram. p. m. q.	Vitesse d'écoulement en mètres par 1''.	Pression dans le récipient.	Pression effective en kilogram par m. q.	Vitesse d'écoulement en mètres par 1''.
4.95	517	63	3.95	517	69	2.95	517	79
4.90	1034	89	3.90	1034	97	2.90	1034	112
4.85	1550	108	3.85	1550	120	2.85	1550	137
4.80	2067	125	3.80	2067	139	2.80	2067	158
4.75	2584	140	3.75	2584	155	2.75	2584	178
4.65	3618	166	3.65	3618	184	2.65	3618	210
4.55	4651	188	3.55	4651	209	2.55	4651	238
4.50	5168	198	3.50	5168	220	2.50	5168	251
4.25	7752	242	3.25	7752	269	2.25	7752	307
4.00	10336	281	3.00	10336	311	2.00	10336	355
3.75	12920	314	2.75	12920	347	1.75	12920	396
3.50	15504	344	2.50	15504	380	1.50	15504	423
3.25	18088	371	2.25	18088	411	1.25	18088	469
3.00	20672	396	2.00	20672	439	"	"	"
2.75	23256	421	1.75	23256	466	"	"	"
2.50	25840	444	1.50	25840	491	"	"	"
2.25	28424	465	1.25	28424	515	"	"	"

Les tableaux précédens ne peuvent pas être considérés comme l'expression exacte des vitesses de vapeur suivant les différentes pressions. En effet il se passe dans les mouvemens de vapeur des phénomènes de contraction, de frottement et de condensation qui altèrent les résultats. De ces trois causes de diminution de vitesse il n'y a que la première sur laquelle on ait fait des expériences assez concluantes pour pouvoir en déduire des coefficiens de correction. On a trouvé que pour déterminer la vitesse d'écoulement par un orifice percé en mince paroi il faut multiplier la vitesse théorique par 0,65. Si l'écoulement se fait par un ajutage cylindrique, le coefficient est 0,85 ; et 0,95 si l'ajutage est conique.

DIMENSIONS DE QUELQUES MACHINES DU CHEMIN DE FER
DE SAINT-GERMAIN ET DE VERSAILLES (RIVE DROITE)
ET DE QUELQUES CHEMINS ANGLAIS.

Pour chaque machine, il faut avoir les dimensions du mécanisme dont le rapport donne l'état d'équilibre des parties de cette machine. Il faut ensuite prendre les dimensions de son générateur de vapeur en tenant compte des diverses surfaces de chauffe, et en déduire la production probable de vapeur qui limite la vitesse et permet de la déterminer à certaines charges.

Les tableaux A et B renferment ces données pour 24 machines en activité sur les principaux chemins de fer français et anglais.

Quelques explications sont nécessaires pour l'intelligence de ces tableaux.

Le premier contient les dimensions des cylindres et des roues, le nombre des roues, le rapport de leur vitesse à celle des pistons, le poids des machines en marche et le poids réuni de la machine et du tender.

Il donne en outre un certain poids sur les roues motrices : cette colonne est nécessaire pour estimer l'adhérence; les chiffres qui y sont indiqués ne proviennent pas d'observations directes, qui même, pour les machines à six roues, donneraient des résultats variables suivant le plus ou le moins de tension des ressorts. Il a semblé plus convenable de les soumettre toutes à une règle générale, qui est celle-ci : le poids sur les roues motrices est pris égal aux 55/100 du poids total des machines à 4 roues et aux 45/100 du poids total des machines à 6 roues.

La force de vaporisation d'une machine dépend de sa surface de chauffe. Des expériences directes faites par M. Stephenson ont fait admettre le rapport de 3 à 1 entre la force de vaporisation de la chauffe directe par le foyer et de celle qui n'a qu'une chaleur de contact, comme les tubes.

D'après le traité de M. de Pambour, la force de vaporisation de six machines du chemin de Liverpool à Manchester, marchant à une vitesse moyenne de 35 kilomètres à l'heure, aurait été de 123 kilog. d'eau vaporisée par heure et par mètre carré de surface de chauffe réduite (c'est-à-dire composée de la réunion du tiers de la surface des tubes à la surface directe).

Dans des expériences plus récentes faites par M. Nich Wood sur quelques chemins de fer anglais, cette force de vaporisation a été trouvée plus considérable. Ce qui peut tenir à deux causes : la première à ce que les machines étaient plus en état d'expérience que les machines essayées par M. de Pambour qu'il prenait dans leur service ordinaire, et la seconde que la vitesse était de 44 kilom. au lieu de 35 kilom.

TABLEAU A.

INDIQUANT LES DIMENSIONS DES CYLINDRES ET DES ROUES,
LE POIDS TOTAL
ET LE POIDS AGISSANT SUR LES ROUES MOTRICES.

Numéros d'ordre	NOMS DES CONSTRUCTEURS.	NOMS DES M. CHINES.	Dimensions des cylindres			ROUES motrices.		Rapport de la vitesse des roues motrices à celle des pistons.	Nombre de roues.	Poids total de la machine en feu.	Poids sur les roues motrices.	Poids de la machine et de son tender en état de marche.
			Diamètre.	Course des pistons.	Surface des deux pistons.	Diamètre.	Circonférence					
			mètr.	mètr.	m. q.	mètr.	mét.			tonn.	kilo.	t.
	CHEMIN DE FER DE S.-GERMAIN.											
1	Jackson	Denys Papin	0.280	0.410	0.1230	1.540	4.84	5.90	4	9.25	5100	14
2	Bury	La Seine	0.280	0.415	0.1230	1.546	4.85	5.84	4	9.00	5000	14
3	Tayleur	Tayleur	0.297	0.406	0.1375	1.677	5.27	6.50	6	12.00	5400	8
4	Haigh-Foundry	Etna	0.290	0.406	0.1320	1.670	5.24	6.45	6	14.00	6300	20
	CHEMIN DE FER DE VERSAILLES.											
5	Hawthorn	Jean-Bart	0.305	0.460	0.1451	1.520	4.77	5.18	4	11.00	6000	17
6	Stephenson	Stephenson	0.305	0.460	0.1451	1.680	5.28	3.73	6	13.50	6100	19
7	Sharp et Roberts	Atlas	0.318	0.460	0.1598	1.520	4.77	5.18	6	13.50	6100	20
8	Stehelin et Huber	Alsace	0.316	0.460	0.1567	1.830	5.75	6.25	6	14.00	6300	19
9	Cavé	Gauloise	0.330	0.490	0.1708	1.670	5.24	5.34	6	15.00	6800	22
10	Rothwell	Bucéphale	0.330	0.432	0.1708	1.670	5.24	6.06	6	15.00	6800	22
11	Schneider frères	Creusot	0.330	0.460	0.1708	1.670	5.24	5.70	6	15.50	7000	23
12	Stehelin et Huber	Alcide	0.330	1.460	0.1708	1.830	5.75	6.25	6	15.00	6800	22
13	Stephenson	Vesta	0.330	0.450	0.1708	1.680	5.27	5.70	6	15.00	6800	22
14	Schneider frères	Exposition	0.330	0.460	0.1708	1.830	5.75	6.25	6	15.00	6800	22
15	Jackson	Versailles	0.330	0.460	0.1708	1.670	5.24	5.70	6	15.00	6800	22
16	Sharp et Roberts	Vésuve	0.330	0.460	0.1708	1.680	5.27	5.72	6	15.00	6800	22
	LIVERPOOL A MANCHESTER.											
17	Stephenson	Atlas	0.304	0.405	0.1451	1.520	4.77	5.89	4	11.00	6000	17
18	. . . id. . . .	Vesta	0.280	0.405	0.1231	1.520	4.77	5.89	4	9.00	5000	14
	GRAND JUNCTION.											
19	Stephenson	N° 130	0.316	0.405	0.1567	1.520	4.77	5.89	6	13.00	5900	18
	LONDRES A BIRMINGHAM.											
20	Stephenson	Harvey Combe	0.304	0.456	0.1451	1.520	4.77	5.02	6	13.50	6100	18
21	Bury	Bury	0.304	0.456	0.1451	1.670	5.2.	5.74	4	9.00	5000	15
	GREAT-WESTERN.											
22	Stephenson	North Star	0.10	0.405	0.2860	2.128	6.68	8.25	6	19.00	8550	27
23	Tayleur	Eolus	0.355	0.405	0.1980	2.432	7.64	9.43	6	15.50	8300	26
24	. . . id. . . .	Venus	0.305	0.405	0.1151	2.432	7.64	9.43	6	18.00	8100	25

" La disposition 54/40 et 103/8 indique que pour cette machine 104 tubes ont un diamètre de 0,054 et 8 tubes un diamètre de 0,040.

TABLEAU B.

INDIQUANT LES DIMENSIONS DU FOYER, LES SURFACES DE CHAUFFE
ET
LA FORCE DE VAPORISATION EFFECTIVE.

Numéros d'ordre.	Dimensions du foyer.			Tubes de sortie de fumée.			Surface de chauffe				Vaporisation effective par heure à raison de 90 k. de vapeur utilisée par m. q. de chauffe réduite
	Surface de la grille.	Distance de la grille au premier rang de tubes.	Contenance du foyer en hectolitres jusqu'au 1er rang de tubes.*	Diamètre intérieur.	Longueur des tubes.	Nombre de tubes.	Directe en mètres carrés.	Par les tubes en mètres carrés	Totale.	Réduite.	
	m. q.	mètre.	hectol.	mètre.	mètre.		m. q.	m. q.	m. q.	m. q.	kilogr.
1	0.653	0.450	3.67	0.041	2.10	82	3.32	22.16	25.48	10.71	970
2	0.659	0.475	3.91	0.052	2.36	76	3.67	30.00	33.07	13.07	1175
3	0.620	0.420	3.25	0.041	2.43	107	3.72	33.48	37.20	14.88	1340
4	0.740	0.360	3.33	0.041	2.45	121	4.13	38.24	42.37	16.88	1520
5	0.639	0.500	3.99	0.041	2.50	104	3.75	33.48	37.23	14.91	1340
6	1.087	0.510	6.93	0.054	2.56	80	4.62	34.73	39.35	16.19	1460
7	0.767	0.480	4.60	0.041	2.57	117	4.41	38.44	42.85	17.22	1550
8	0.854	0.450	4.81	0.048	2.67	104	4.29	41.92	46.21	18.26	1645
9	1.030	0.630	8.10	0.050	2.60	99	5.83	40.49	46.32	19.33	1740
10	0.870	0.460	5.00	0.050	2.62	111	4.56	46.65	51.21	19.78	1780
11	1.020	0.550	7.01	0.048	2.69	115	5.60	44.88	50.48	20.56	1850
12	0.870	0.550	5.98	0.048	2.75	115	5.02	47.72	52.74	20.93	1880
13**	1.039	0.480	6.23	54/40	2.54	103/8	5.69	46.75	52.44	21.27	1914
14	1.150	0.600	8.02	0.040	2.70	138	5.98	46.94	52.92	21.63	1947
15	0.972	0.550	6.68	0.042	2.56	155	5.33	52.71	58.04	22.90	2060
16	1.102	0.550	7.56	0.040	2.53	162	5.83	52.00	57.83	23.16	2084
17	0.860	0.430	4.62	0.041	2.40	65	5.30	20.27	25.57	12.04	1084
18	0.660	0.510	4.21	0.041	2.14	80	4.27	23.79	28.06	12.20	1100
19	0.770	0.500	4.81	0.041	2.44	111	4.34	36.46	40.80	16.49	1384
20	0.950	0.500	5.94	0.041	2.21	102	4.71	31.57	36.28	15.23	1371
21	0.760	0.480	4.56	0.054	2.44	86	3.65	35.17	38.82	15.37	1383
22	1.030	0.500	6.44	0.041	2.59	167	6.52	60.85	67.37	26.80	2410
23	"	"	"	"	"	"	4.68	49.69	54.37	21.24	1912
24	"	"	"	"	"	"	4.19	42.92	47.11	18.50	1665

*C'est le volume déterminé au moyen des deux colonnes précédentes augmenté de 1/4 pour le combustible qui dépasse les tubes.

Peut-être aussi l'augmentation des dimensions de la boîte à feu, et par
suite la plus grande quantité de combustible incandescent qu'elle contient,
a-t-elle accru la production de vapeur. Voici du reste le résumé de ces diverses expériences.

DÉSIGNATION.	SURFACE de chauffe réduite.	EAU vaporisée par heure.	EAU vaporisée par heure et par mètre carré de surface réduite.	VITESSE moyenne de marche par heure.
Expériences de M. Nich Wood :	m. q	kil.	kil.	kilomètr.
Great Western railway { North Star....	26,80	4686	175	48
Fohis.........	21,24	3254	153	40
Venus........	18,50	2915	158	42
Londres à Birmingham { Harvey Combe.	15,23	2453	161	48
Bury's Engine .	15.37	2293	150	42
Totaux et moyennes.......	97,14	15601	160 moyenne.	44 moyenne.
Expériences de M. de Pambour sur le chemin de fer de Liverpool à Manchester....................	12,94	1580	123	35

D'après la comparaison de ces expériences, la force de vaporisation des
nouvelles machines par surface élémentaire serait augmentée d'environ 1/3.
Cependant, dans les calculs suivans, on conservera les mêmes données que
celles de M. de Pambour, parcequ'il convient mieux de partir de chiffres
restreints, les machines ne se trouvant pas toujours à l'état parfait d'entre-
tien. La force de vaporisation effective, c'est-à-dire celle qui est réellement
utilisée par les cylindres, sera estimée à 90 kilog. d'eau par heure et par
mètre carré de surface réduite. Une certaine partie de l'eau est enlevée soit
en vapeur par les soupapes, soit à l'état d'eau en suspension dans la vapeur
qui passe aux cylindres. Il est en effet très fréquent de trouver des machines
qui envoient beaucoup d'eau par la cheminée. Toutes les machines neuves
dans lesquelles il est resté un peu de graisse dans la chaudière produisent
cet effet dans les premiers jours de marche; les chaudières trop pleines
produisent aussi de la vapeur très humide.

CALCULS ET TABLEAUX

SUR L'AVANCE DU TIROIR, LE TUYAU D'ÉCHAPPEMENT,
LES CONDUITS DE VAPEUR ET DE FUMÉE DANS LES MACHINES
LOCOMOTIVES.

Dans une note précédente nous avons présenté sous forme de tableaux les quantités de travail que des machines locomotives dont nous avons donné les dimensions sont en état d'effectuer.

Nous n'avons tenu compte que des résistances inhérentes au mécanisme; nous avons négligé toutes celles qui tiennent au mouvement de la vapeur et de la fumée.

En supposant dans nos calculs une réduction du quart de la quantité de vapeur produite, nous avons entendu tenir compte, par cette hypothèse, des résistances que nous ne calculions pas ; en sorte que les quantités de travail que nous avons indiquées pour chaque machine sont à-peu-près égales à celles que donne l'expérience.

Dans cette note nous rechercherons les diverses résistances que produit le mouvement de la vapeur et de la fumée, et nous les apprécierons; nous ferons facilement ressortir les raisons qui s'opposent à ce que les machines actuelles dépassent certaines vitesses maximum, et à quel prix on obtient ces grandes vitesses.

L'importance de ces questions, jusqu'à présent très peu étudiées, aurait demandé plus de place que nous ne pouvons en consacrer à la fin de cet ouvrage; on ne sera donc pas étonné si nous n'entrons pas dans autant de détails que nous l'eussions desiré et que le sujet le comporte d'ailleurs. Du reste nous conserverons les mêmes méthodes de calcul que précédemment ; c'est-à-dire, rejetant toute formule, nous tirerons nos conclusions d'après une série de tableaux et de résultats dont la composition peut être facilement comprise : mais si cette méthode est à la portée de tout le monde, elle est aussi plus restreinte.

Nous avons été souvent obligés, pour arriver à une conclusion, de passer par une série de suppositions dont l'exactitude ne se vérifiait que plus tard , successivement et les unes par les autres.

D'autres fois nous avons cru pouvoir nous appuyer sur des faits admis pour les machines fixes, mais qui peuvent n'être pas rigoureusement exacts pour les machines locomotives.

Cependant les indications que nous avons tirées de ces calculs seront au moins proportionnelles et pourront ainsi éclairer la question.

Nous diviserons cette note en quatre sections, SAVOIR :

§ I". Du mouvement de la vapeur par les conduits, robinets et lumières.

§ II. Mouvement de la vapeur dans le tiroir, et disposition de celui-ci ; avance du tiroir, etc.

§ III. Du tuyau d'échappement et de la pression moyenne qu'il maintient contre le piston.

§ IV. Mouvement de l'air dans les tubes conducteurs de fumée, par la grille et dans la cheminée.

Nous terminerons enfin en déterminant les proportions qui nous paraissent les plus convenables à donner aux diverses parties de la machine pour tout ce qui regarde le mouvement de la vapeur et de la fumée.

Afin de simplifier les considérations dans lesquelles nous allons entrer, nous commencerons par admettre sans démonstration aucune que les vitesses d'écoulement de la vapeur et des gaz, en général, sont exactement celles qui sont indiquées par les formules d'écoulement des liquides, c'est-à-dire que les vitesses sont dues à une hauteur génératrice égale à celle d'une colonne de gaz d'une même densité qui ferait équilibre à la pression effective ou à la différence de pression entre les deux milieux.

Des vitesses de vapeur de près de 600 m. par 1" se développent à chaque coup de piston dans la marche des machines locomotives ; très souvent il y a des écoulemens constans de vapeur à la vitesse de 530 m. par 1".

L'imagination a peine à suivre de pareils faits, que l'on pourrait mettre en doute si l'infaillibilité du calcul, sous ce rapport, n'était pas confirmée par l'expérience. En effet, nous verrons par la suite quelle pression notable nous obtenons encore malgré ces vitesses si considérables ; de telle sorte que si elles n'étaient pas aussi fortes que nous le supposons, les résistances se perpétuant davantage entraveraient encore plus les machines et les empêcheraient d'effectuer leur travail ordinaire. Quoiqu'il semble extraordinaire de partir de vitesses de vapeur près de deux fois aussi grandes que la vitesse des ondes sonores dans l'atmosphère [1], on est forcé d'admettre complètement ces données, qui sont déjà énoncées dans la première note (pages 3 et 4), et dont nous faisons un fréquent usage aussi bien que des poids et volumes de la vapeur aux diverses tensions données dans le tableau (page 2).

---

[1] La vitesse de son dans l'atmosphère est de 333 m. par 1" : ainsi, un coup de canon tiré à 1000 m. n'est entendu à cette distance que 12" après que la lumière a paru ; tandis qu'un jet de vapeur à 5 atm. s'écoulant dans l'atmosphère a une vitesse telle (562 m.), qu'il lui suffisait le 7" pour parcourir le même espace.

Section I. — Du mouvement de la vapeur par les robinets, conduits et lumières.

Nous ne considèrerons dans cette section que les mouvements correspondants aux volumes engendrés par la marche du piston ; et nous ne tiendrons aucun compte des augmentations ou diminutions que peuvent faire subir à ces volumes, des détentes après ou avant l'emploi de la vapeur.

Ainsi, par exemple, le régulateur n'est généralement qu'entr'ouvert, il ne laisse dans le tuyau de vapeur qu'une pression inférieure à celle de la chaudière. Le volume de vapeur (à la pression de la chaudière) qui passe dans le régulateur est donc plus petit que celui que reçoivent les conduits de vapeur ou les cylindres, comme aussi la vapeur qui passe au tuyau d'échappement n'étant pas à la même pression que dans le cylindre occupera un plus grand espace.

Dans cette section nous ne considèrerons que le volume engendré par la marche du piston, parceque c'est à la surface de celui-ci que nous rapporterons les sections des conduits. Nos calculs ne s'appliqueront qu'à la vapeur contenue dans les cylindres, parceque l'erreur que l'on commet pour les volumes de la vapeur dans les conduits des lumières et entre les fonds du cylindre et le piston est toujours faible : il n'y a donc pas lieu d'en tenir compte : et quant à la section de l'échappement, elle sera traitée spécialement dans les deux chapitres suivans.

Les principes généraux qui doivent guider le constructeur dans les dimensions des conduits de vapeur sont ceux-ci :

1° Les résistances et différences de pression qu'ils créent doivent être les moindres possibles, et en tout cas elles ne doivent pas mettre obstacle à la marche de la machine.

2° On doit éviter les contours brusques, les étranglemens, et tout ce qui peut être la cause de grands frottemens et d'une diminution de vitesse qui se traduit toujours par une différence de pression.

Ces règles générales sont d'abord applicables aux lumières du cylindre. Celles-ci doivent avoir assez de surface d'orifice pour que la pression dans le tuyau de vapeur soit la même que sur les pistons à des vitesses moyennes et pour lesquelles on peut avoir besoin de la pression initiale de la chaudière.

Nous donnons dans le tableau suivant la dimension des lumières de plusieurs machines des chemins de fer de Saint-Germain et de Versailles. Nous avons indiqué les rapports des surfaces à celles des pistons, et les vitesses d'écoulement. Celles-ci ont été prises pour une vitesse de 10 lieues à l'heure, qui est considérée comme moyenne.

D'un autre côté il était nécessaire de calculer les dépenses de vapeur au moment où elles sont les plus fortes, c'est-à-dire au milieu de la course, parceque c'est aussi le seul moment où, pour quelques machines, la lumière soit complétement découverte.

Le rapport entre la vitesse du piston, au milieu de sa course, et la vitesse moyenne est donnée par le rapport de la demi-circonférence au diamètre, soit 1,57.

L'orifice des lumières doit enfin être considéré comme percé en mince paroi, et par suite donner lieu à une contraction considérable qui peut être estimée en introduisant le coefficient de 0, 65.

TABLEAU 1. — Dimensions des lumières des machines locomotives des chemins de fer de Saint-Germain et de Versailles, indiquant le rapport de leur surface à celles des pistons, et les vitesses maximum d'écoulement de la vapeur pour une marche de dix lieues à l'heure.

NOMS DES MACHINES.	Surface d'un piston en décimètres carrés.	DIMENSIONS DES LUMIÈRES			Rapport de la surface du piston à celle de la lumière.	Rapport de la vitesse de la roue à celle du piston.	VITESSE DES PISTONS en mètres par seconde.		VITESSE D'ÉCOULEMENT de la vapeur par seconde.	
		Longueur.	Largeur.	Surface réelle en décimètres carrés.			Moyenne.	Maximum au milieu de la course.	Sans contraction.	Avec contraction.
	(1-1)				(2)	(1)	(4)	(3)	(6)	(5)
							m.			
Denys Papin.	6.15	0.150	0.025	0.38	16.2	5.90	1.88	2.95	48	73
Bury (7). . .	6.15	0.106	0.027	0.29	21.2	5.54	1.90	2.98	63	97
Tayleur. . . .	6.88	0.170	0.034	0.58	11.8	6.50	1.71	2.68	32	50
Etna.	6.60	0.236	0.029	0.69	9.5	6.45	1.72	2.70	26	40
Alsace.	7.84	0.203	0.038	0.77	10.0	6.25	1.78	2.79	28	43
Gauloise. . . .	8.54	0.190	0.036	0.68	12.5	5.34	2.12	3.33	42	64
Bucéphale . .	8.54	0.205	0.038	0.78	10.9	6.06	1.83	2.97	32	49
Creusot	8.54	0.180	0.030	0.54	15.8	5.70	1.95	3.06	48	74
Alcide.	8.54	0.203	0.038	0.77	11.1	6.25	1.78	2.79	31	47
Vesta.	8.54	0.242	0.032	0.77	11.1	5.70	1.95	3.06	34	51
Schneider exp.	8.54	0.200	0.030	0.60	14.2	6.25	1.78	2.79	40	61
Versailles. . .	8.54	0.235	0.028	0.66	13.0	5.70	1.95	3.06	40	61
Vésuve.	8.54	0.192	0.043	0.83	10.3	5.72	1.94	3.04	31	48

(1) Extrait du tableau A, page 6.

(2) Cette colonne est obtenue en supposant la surface des lumières égale à l'unité.

(3) C'est la vitesse moyenne multipliée par 1.57.

(4) Est obtenue en divisant la vitesse de la machine en mètres par seconde par les chiffres de la colonne précédente.

(5) Le coefficient de contraction est 0.65.

(6) Est obtenue en se fondant sur ce que les vitesses sont en raison inverse des surfaces et en partant de la vitesse maximum du piston.

(7) Les lumières de ces machines étaient beaucoup trop petites, elles ont été augmentées.

Le rapport de la surface du piston à celle de la lumière varie de 1/10 à 1/16; il est en moyenne de $\dfrac{1}{13}$

Les vitesses d'écoulement dépendent de la vitesse des pistons et du rapport précédent; elles sont par conséquent d'autant plus grandes que les roues motrices sont plus petites et les courses du piston plus grandes.

En résumé, pour les machines renfermées dans le tableau, ces vitesses varient de 45 à 75 m., et sont en moyenne de 60 m. par 1″.

En comparant ces vitesses et sections à celles que l'on donne dans la construction des autres machines à vapeur, on trouve beaucoup d'analogie; comme on peut s'en convaincre par l'inspection du tableau suivant appliqué à plusieurs machines à vapeur construites par M. Edwards dans les ateliers de Chaillot, et fonctionnant dans de bonnes conditions.

TABLEAU 2. — Dimensions des lumières et des vitesses maxima d'écoulement de la vapeur de cinq machines de différentes puissances construites dans les ateliers de Chaillot.

DÉSIGNATION.	Surface du piston en décimètres carrés.	DIMENSIONS DES LUMIÈRES. Longueur.	DIMENSIONS DES LUMIÈRES. Largeur.	DIMENSIONS DES LUMIÈRES. Surface réelle en décimètres carrés.	Rapport de la surface du piston à celle de la lumière.	VITESSE des pistons par seconde. Moyenne.	VITESSE des pistons par seconde. Maximum au milieu de la course.	VITESSE d'écoulement de la vapeur par seconde. Sans contraction.	VITESSE d'écoulement de la vapeur par seconde. Avec contraction.
	dq.	mètres.	mètres.	d.q.		m.	m.	m.	m.
MACHINE DE CENT CHEVAUX D'ABAINVILLE.	63.6	0.200	0.110	2 20	29	1.25	1.96	57	87
A 1 cylindre. Lumière									
Soupape d'admission	»	diam. 0. 18	diam. 0. 18	2 56	25	»	»	49	75
DE TRENTE CHEVAUX.									
Atelier du chemin de fer de Saint-Germain.									
A 2 cylindres. Grand cylindre	25.7	0.215	0.052	1.12	23	1.20	1.88	43	66
Petit cylindre	10.2	0.085	0.052	0.44	23	1.20	1.88	43	66
DE VINGT CHEVAUX.									
Grand cylindre	21.6	0.218	0.043	0.94	23	1.13	1.77	41	63
Petit cylindre	9.1	0.074	0.043	0.32	28	1.13	1.77	49	75
Autres **DE DOUZE CHEVAUX.**									
Grand cylindre	1.45	0 145	0.040	0.56	26	1.00	1.57	41	63
usines. Petit cylindre	0.49	0.050	0.040	0.20	25	1.00	1.57	39	60
DE SIX CHEVAUX.									
Grand cylindre	0.96	0.100	0.030	0.30	32	0.85	1.33	43	66
Petit cylindre	0.28	0.040	0.030	0.12	23	0.85	0.33	31	47

D'après ce tableau, qui est établi de la même manière que le précédent la section des lumières ne serait que de 1/25 de la surface du piston. L'avantage sous ce rapport resterait complètement aux machines locomotives si la vitesse de marche des pistons n'était beaucoup plus considérable : elle est de 3 mètres en moyenne au lieu de 1 m. 60. Ceci rétablit l'égalité, car les vitesses moyennes du passage de la vapeur sont de 60 m. par 1″ dans les machines que nous venons de citer comme dans les machines locomotives.

Cette vitesse exige une pression génératrice qui varie suivant la densité de la vapeur : ainsi en employant de la vapeur à 4 atm. elle est de 0 atm. 04 (page 4[1]) ; avec de la vapeur à 1 atm., elle n'est plus que de 0 atm. 01.

En supposant que la vitesse de marche de la machine soit doublée et portée à 20 lieues à l'heure, les vitesses de passage s'élèveront à 120 m. ; ce qui correspondrait à une différence de 0 atm. 15 pour la vapeur à 4 atm., et de 0 atm. 045 seulement pour la vapeur à la pression atmosphérique.

La pression réellement nuisible étant celle qui se manifeste à la sortie, on voit qu'elle est insignifiante, même aux grandes vitesses, en ce qui concerne le débit du volume engendré par la marche des pistons et la vitesse d'écoulement qui en résulte, puisqu'à 20 lieues, qui est la vitesse maximum des machines, la vitesse de la vapeur n'exige qu'une pression génératrice de 0 atm. 045.

La différence de pression de la vapeur à l'entrée n'a aucune influence fâcheuse ; car à une vitesse de 10 lieues, à laquelle quelques machines peuvent marcher à pleine pression sur le piston, cette vitesse n'entraîne qu'une différence de pression de 1/25 d'atmosphère seulement.

A de plus grandes vitesses cette différence s'augmente il est vrai, mais alors la chaudière n'a pas assez de force de vaporisation pour remplir la cylindrée à pleine vapeur ; qu'importe alors qu'une partie de l'étirage nécessaire soit faite par la lumière en même temps que par le régulateur !

Ainsi, d'un côté, résistance presque nulle contre le piston, même à de grandes vitesses ; de l'autre, simple étirage insensible par la lumière d'entrée aux vitesses ordinaires, et n'ayant aucun effet fâcheux aux grandes vitesses, parcequ'il est bien loin d'atteindre l'étirage de vapeur qui est nécessaire dans ce cas.

Des lumières ayant une section égale à 1/13ᵉ de la surface du piston, et n'offrant pas à une marche de 10 lieues à l'heure une vitesse maximum de passage de vapeur de 60 m. par 1″, sont donc convenables et ne sont pas un obstacle à l'accélération de marche de la machine.

---

[1] C'est par des intercalaires que nous obtenons ce chiffre, en observant que pour de la vapeur à 4 atmosphères s'échappant dans un milieu à 3 atm. 95, c'est-à-dire pour une différence de pression de 0,05, nous avons une vitesse de 69 mètres ; nous déduisons ainsi que la vitesse de 60 m sera produite par une différence de pression de 0,04.

La surface de passage de la vapeur dans les conduits ne doit pas être diminuée ; elle sera de 1/13ᵉ au moins de la surface du piston pour l'un des
conduits et du double pour les deux.

La section maximum de passage dans le régulateur doit être au moins égale
à la section du conduit principal de vapeur ; avec ces dimensions on peut
maintenir sur le piston la pression complète de la chaudière à des vitesses
ordinaires. Cela est rarement nécessaire pour les machines destinées au service
des voyageurs et qui remorquent généralement des convois beaucoup moins
lourds que leur force maximum, aussi n'ouvre-t-on presque jamais le régulateur complètement.

Ce que nous avons dit pour les lumières s'applique exactement aux conduits de vapeur et au régulateur. Exécutés dans les dimensions que nous
indiquons, ils n'offrent aucun obstacle à la marche de la machine, et un seul
chiffre prouvera plus à ce sujet que tout ce que nous venons de dire. L'o-
rifice supérieur du tuyau d'échappement dans la cheminée a une surface qui
varie entre 1/36 et 1/68 de celle des deux pistons : elle doit laisser passer
un volume considérable, puisque la vapeur est détendue à une faible pression ;
la section des conduits de vapeur est 1/13 de celle du piston, elle ne sert
qu'à des vapeurs très comprimées et très denses. La résistance de cette dernière serait donc encore nulle quand l'autre pourrait être considérable.

SECTION II. — MOUVEMENS DE LA VAPEUR PAR LES TIROIRS. AVANCE DU
TIROIR ET RECOUVREMENT.

Le tiroir qui distribue la vapeur devant et derrière le piston est mis en
mouvement par un excentrique monté sur l'essieu coudé de la machine et
placé à angle droit avec la manivelle quand il est calé d'une manière normale, c'est-à-dire sans avance.

La manivelle étant au point mort, l'excentrique est vertical et par conséquent au milieu de sa course ; il en résulte que les deux lumières sont fermées. Le mouvement continuant, le tiroir s'ouvre rapidement, tandis que le
piston n'avance d'abord que faiblement ; quand celui-ci arrive au milieu de
sa course sa marche est alors rapide, l'excentrique au contraire est au point
mort, le tiroir reste presque immobile et à la plus grande ouverture.

Le mouvement angulaire de la roue étant supposé uniforme et divisé en
arcs de 5° par exemple, le volume engendré par le piston pendant chaque
arc croîtra d'une manière rapide et restera ensuite stationnaire : les ouvertures des lumières croîtront aussi rapidement et resteront également station-
naires. La marche de ces deux appareils est donc proportionnelle, elle est
même rigoureusement semblable. En effet, si l'on donne à la lumière une largeur égale à la demi-course du tiroir, et si l'on détermine la vitesse d'écou-

lement de la vapeur pour chaque arc de 5°, on trouve que cette vitesse est constante. Les calculs que nous avons donnés pour l'ouverture maximum du tiroir et pour la vitesse maximum du piston (dans le tableau 1) s'appliqueront dans ce cas à toutes les positions.

Pour arriver au résultat précédent d'une manière pratique, il était nécessaire de déterminer la marche du piston et celle du tiroir pour chaque arc de 5° : voulant rester à un point de vue général, nous avons supposé que les bielles avaient une très grande longueur et que la course des pistons et celle des tiroirs étaient exactement représentées par les projections sur la ligne d'axe de la machine des diverses positions des manivelles.

En considérant les mouvemens du tiroir par rapport au milieu de la course, le chemin parcouru par arc est représenté par les sinus des angles totaux à partir du commencement.

Les chemins parcourus par le piston à partir du point mort peuvent être pris comme les complémens des prem ers.

Dans le tableau suivant nous donnons ces chemins parcourus totaux et partiels par arcs de 5° mesurés à partir du point mort pour le piston et à partir du milieu de la course pour le tiroir. Ces nombres sont d'abord fixés par rapport au diamètre pris comme unité; ou les a ensuite appliqués aux courses de 0,46 pour le piston et de 0,07, 01,08 et 0,09 pour les tiroirs (les courses de 0,46 pour le piston, et de 0,07 pour le tiroir sont celles de la machine *Versailles*, sur laquelle s'appliquent nos calculs).

TABLEAU 3.

Mouvement absolu du piston et du tiroir par arcs de 5° en 5° avec application spéciale à la course du piston de 0.46 c. et aux courses des tiroirs de 0.07 c., 0.08 c. et 0.09 c.

ANGLES	MOUVEMENT DU PISTON à partir du point mort.				ANGLES	MOUVEMENT TOTAL DU TIROIR à partir du milieu de la course.			
	RAPPORT à la course totale DU PISTON		QUANTITÉ réelle parcourue par le piston dont la course est de 0.46.			FRACTION de la COURSE parcourue après chaque arc de 5°.	QUANTITÉ RÉELLE parcourue, la course totale du tiroir étant de		
	TOTAL à partir du point mort.	PARTIEL après chaque arc de 5°.	TOTALE à partir du point mort.	PARTIELLE après chaque arc de 5°.			0.07	0.08	0.09
			mètres.	mètres.			millim.	millim.	millim.
0	0.0000				0	0.0000			
5	0.0019	0.0019	0.0009	0.0009	5	0.0436	3.05	3.49	3.92
10	0.0076	0.0057	0.0035	0.0026	10	0.0868	6.08	6.94	7.81
15	0.0172	0.0096	0.0079	0.0044	15	0.1294	9.06	10.35	11.65
20	0.0302	0.0130	0.0139	0.0060	20	0.1710	11.97	13.68	15.39
25	0.0469	0.0167	0.0216	0.0077	25	0.2113	14.79	16.00	19.02
30	0.0670	0.0201	0.0308	0.0092	30	0.2500	17.50	20.00	22.50
35	0.0905	0.0235	0.0416	0.0108	35	0.2868	20.08	22.94	25.81
40	0.1170	0.0265	0 0538	0.0122	40	0.3214	22.50	25.75	28.93
45	0.1465	0.0295	0.0674	0.0136	45	0.3535	24.73	28.28	31.82
50	0.1786	0.0321	0.0821	0.0147	50	0.3830	26.81	30.64	34.47
55	0.2132	0.0346	0.0981	0.0160	55	0.4095	28.67	32.76	36.85
60	0.2500	0.0368	0.1150	0 0169	60	0.4330	30.31	34.64	38.97
65	0.2887	0.0387	0.1338	0.0178	65	0.4531	31.72	36.25	40.78
70	0.3290	0.0403	0.1513	0.0185	70	0.4698	32.89	37.58	42.28
75	0.3706	0.0416	0.1705	0.0192	75	0.4829	33.80	38.63	43.46
80	0.4132	0.0426	0.1900	0.0195	80	0.4924	34.47	39.39	44.32
85	0.4564	0.0432	0.2100	0.0200	85	0.4981	34.87	39.85	44.83
90	0.5000	0.0436	0.2300	0.0200	90	0.5000	35.00	40.00	45.00

Nous ne donnons le calcul que pour un quart de circonférence effectuant une demi-course, parceque les espaces parcourus par le piston aussi bien que les ouvertures successives du tiroir se reproduisent symétriquement à partir de l'angle de 90°.

Il est une seule colonne dont le prolongement est nécessaire pour déterminer la fraction de la course à laquelle se fait la détente; nous la prolongerons jusqu'à 180° dans le tableau suivant :

TABLEAU 3 bis.

Mouvement absolu du piston, rapporté à la course totale, à partir de 90° et par arcs de 5° en 5°, pour faire suite à la colonne correspondante du Tableau 3.

ANGLES.	FRACTION de la course parcourue à la fin de CHAQUE ARC, à partir du point mort.	ANGLES.	FRACTION de la course parcourue à la fin de CHAQUE ARC, à partir du point mort.	ANGLES.	FRACTION de la course parcourue à la fin de CHAQUE ARC, à partir du point mort.
90°	0.5000	125°	0.7868	155°	0.9531
95	0.5436	130	0.8214	160	0.9698
100	0.5868	135	0.8535	165	0.9828
105	0.6294	140	0.8830	170	0.9924
110	0.6710	145	0.9095	175	0.9981
115	0.7113	150	0.9330	180	1.0000
120	0.7300				

Avec le tableau précédent, il est facile de vérifier le fait que nous avons énoncé; savoir : que l'excentrique étant placé d'équerre sur la manivelle, et la largeur de la lumière étant égale à la demi-course du tiroir, la vitesse d'écoulement est constante; il suffira pour s'en assurer de diviser les chiffres de la troisième colonne par les ouvertures moyennes de la lumière et correspondantes aux mêmes arcs.

Ainsi, par exemple, de 25° à 30°, la course est 0,0201; l'ouverture moyenne du tiroir est comprise entre 0,2113 (ouverture à 25°), et 0,2500 (ouverture à 30°, elle est donc égale à $\frac{0,2113+0,2500}{2} = 0,2306$, le quotient $\frac{0,0201}{0,2306} = 0,087$.

Ce chiffre de 0,087 se répétera en effectuant le même calcul pour les autres arcs. La surface du piston étant constante d'un côté, et de l'autre la longueur du tiroir restant la même, il en résulte que les vitesses sont bien représentées par le quotient abstrait précédent, et sont par conséquent constantes.

Dans l'application, cependant, il est rare que la lumière soit aussi large que la moitié de la course du tiroir; ordinairement elle est plus faible, et le tiroir dans sa marche dépasse les bords de la lumière : l'ouverture reste ainsi complète pendant plusieurs arcs. La vitesse maximum est alors naturellement au milieu de la course; et toutes les autres sont inférieures, mais dans une assez faible proportion. Nos calculs sur les résistances de la vapeur par la lumière seront alors plutôt exagérés que restreints.

En second lieu les tiroirs présentent souvent un recouvrement dont la mesure s'établit en plaçant le tiroir au milieu de sa course, et en prenant la quantité dont il dépasse le bord de la lumière, soit en dehors pour l'introduction de la vapeur, soit en dedans pour l'échappement.

Ce recouvrement est de $\frac{1}{2}$ millimètre en général et de chaque côté; son effet est de restreindre les ouvertures et par suite d'augmenter les vitesses, mais dans une faible proportion.

Dans les machines locomotives on a reconnu l'utilité de faire précéder le départ du piston par la distribution, ce qui modifie complétement les vitesses d'écoulement; c'est ce que l'on nomme l'avance du tiroir.

L'avance du tiroir, d'après la méthode employée dans les ateliers, est la quantité dont la lumière d'introduction est ouverte au commencement de la course.

Cette ouverture prématurée a lieu en calant l'excentrique dans une position inclinée sur l'avant, de manière à ce qu'au point mort le tiroir ait déjà dépassé le milieu de la course.

Pour rester dans des termes plus généraux, nous appellerons *avance du tiroir* l'angle que l'excentrique forme sur l'essieu coudé avec la position qu'il devrait avoir pour la marche normale et sans avance.

Cette définition est générale, même pour la position normale de l'excentrique : parcequ'on sait que si la barre d'excentrique est inclinée, l'excentrique dans sa position normale ne sera pas calé d'équerre avec la manivelle; mais qu'il en différera de l'angle que la barre d'excentrique fait avec l'horizon.

Nous ne reviendrons pas du reste sur ces considérations, qui ont été développées dans le courant de l'ouvrage.

L'avance du tiroir, ainsi déterminée par l'angle que forme l'excentrique en avant de sa position normale, donne des effets très faciles à analyser. La position des tiroirs, que nous avons déterminée dans le tableau 3, se trouve avancée d'un certain nombre de degrés. Ainsi, quand on a une avance de 25° par exemple, au 10ᵉ degré de la marche du piston correspondra le 35ᵉ degré de l'ouverture des tiroirs; au 155ᵉ on aura la position de 180° ou le tiroir fermé, et à 160° il est ouvert en sens inverse de 5°; enfin à 0°, ou au point mort, le tiroir est ouvert comme à 25°.

Par suite de cette ouverture prématurée de toutes les lumières, on arrive aux résultats suivans.

Pour l'entrée de vapeur, l'ouverture est beaucoup plus grande pour les premiers arcs ; et la pression sur le piston s'établit sans entrave.

La lumière commence à se refermer avant le milieu de la course ; la vitesse de la vapeur augmente jusqu'à devenir infinie : quand le tiroir se referme 25° avant la fin de la course, la lumière d'admission s'ouvre de l'autre côté ; et le piston marche à contre vapeur pendant ces 25°.

La lumière d'échappement au commencement de la course est déjà très ouverte, et elle permet ainsi le facile dégagement de la vapeur très dense qui doit se détendre à la pression atmosphérique.

La lumière d'échappement commence à se fermer à partir du milieu de la course et empêche la vapeur restante encore dans le cylindre de s'écouler. A 25° avant la fin elle se ferme et s'ouvre immédiatement du côté opposé, de manière que le piston finit sa course à contre-vapeur.

De ces effets, trois seulement sont influens :

1° Le dégagement prématuré de la vapeur, qui évite une résistance considérable ;

2° La contre-vapeur qui nuit évidemment au travail de la machine ;

3° La fermeture prématurée de la lumière, qui économise une partie de la vapeur et la fait agir par détente.

On peut éviter en grande partie la contre-vapeur en donnant du recouvrement extérieur au tiroir, et en même temps ce recouvrement permettant d'intercepter plutôt la vapeur diminue la quantité consommée. On évite donc un inconvénient, et on trouve un avantage en donnant du recouvrement du côté de l'entrée de vapeur.

Pour étudier maintenant les vitesses de passage dans les lumières on peut partir du tableau 4 calculé pour la machine *la Versailles*, construite par Jackson.

Dimensions générales de la machine.

Diamètre du piston. . o m. 330, surface. . . o, m.q. 0855 = 8 d.q. 55.
Course.. . . . . o m. 46, volume d'une cylindrée.. . 39 d.c. 33.
Diamètre des roues. . 1 m. 67, circonférence.. . . . . 5 m. 246
Lumières, longueur . o m. 235, contraction.. . . . . o m. 65.
Longueur réduite.. . o m. 153, largeur maximum . . . . . o m. 028.
Course de l'excentrique. o m. 070.

Le tableau étant fait par arc de 5°, ou par $\frac{1}{72}$ de la circonférence, à 10 lieues, ou 40 kilom. à l'heure, on 11 m. 111 par 1″, la machine fait $\dfrac{11 \text{ m. } 111}{5 \text{ m. } 240} = 2$ tours, 118, et parcourt $2,118 \times 72 = 152$ arcs de 5° par 1″. Chaque arc de 5° est donc parcouru en 1/152 de 1″.

Le volume développé par la marche du piston pendant chaque arc est facilement connu au moyen des chiffres donnés dans le tableau 3, multipliés par la surface du piston ; la course des lumières est donnée dans le même tableau : il suffit d'en défalquer le recouvrement pour avoir l'ouverture à la fin de chaque arc. En multipliant par la longueur réduite 0,153 on a la surface réduite par la contraction.

Enfin c'est la surface moyenne de la lumière pendant deux arcs successifs qui doit être seule considérée pour le calcul de la vitesse de la vapeur écoulée pendant l'arc de 5°. Cette vitesse s'obtient en divisant le volume écoulé par la surface. C'est la vitesse par arc de 5°, ou par 1/152 de seconde. La vitesse par seconde est 152 fois plus forte ; ces vitesses figurent dans le tableau suivant, aux colonnes sept, dix et treize. C'est ainsi qu'a été fait pour tous les arcs le calcul des vitesses ; nous ne donnons ici que le calcul déjà réduit, mais il sera facile de vérifier l'opération.

Ces vitesses sont déterminées pour la machine dans trois hypothèses :

1° Sans avance ni recouvrement (ou plutôt, ce qui est à-peu-près de même, avec un recouvrement de ¹/₂ millimètre, pour être certain que la vapeur ne passe pas directement de la chaudière dans le tuyau d'échappement).

2° Avec une avance de 25° et un recouvrement de ¹/₂ millimètre intérieurement et extérieurement.

3° Avec une avance de 25° et un recouvrement de 10 millim. ¹/₂ correspondant à 17° ¹/₂, ou tel que la lumière d'introduction ne s'ouvre que de 7° ¹/₂ seulement avant la fin de la course du piston.

(Ces dernières servent pour les entrées de vapeur des machines dont la distribution est réglée le plus convenablement.)

TABLEAU 4.

Surfaces moyennes des lumières et vitesses de passage déterminées par arcs de 5 ° par les tiroirs de la machine Versailles : 1° sans avance ; 2° avec avance de 25 ° et recouvrement de ¹/₂ mm.; 3° avec avance de 25 ° et recouvrement de 10 mm. ¹/₂ (pour une vitesse de marche de 10 lieues à l'heure).

ANGLES EN DEGRÉS.	COURSE PARTIELLE du piston pendant le dernier arc de 5°.	VOLUME PARTIEL engendré par le piston pendant le dernier arc de 5°.	TIROIR. Course totale à partir du milieu.	SANS AVANCE — RECOUVREMENT de ¹/₂ MILLIMÈTRE			AVANCE de 25°. RECOUVREMENT de ¹/₂ MILLIMÈTRE.			AVANCE de 25°. RECOUVREMENT de 10 ¹/₂ MILLIMÈTRES.		
	mètres	décim.c.	milli	Ouverture de la lumière à la fin de chaque arc. (millim.)	Surface moyenne réduite de la lumière pendant le dernier arc de 5°. (déci.q.)	Vitesse moyenne de la vapeur par 1″ pendant le dernier arc. (mètres)	Ouverture de la lumière à la fin de chaque arc. (millim.)	Surface moyenne réduite de la lumière pendant le dernier arc de 5°. (déci.q.)	Vitesse moyenne de la vapeur par 1″ pendant le dernier arc. (mètres)	Ouverture de la lumière à la fin de chaque arc. (millim.)	Surface moyenne réduite de la lumière pendant le dernier arc de 5°. (déci.q.)	Vitesse moyenne de la vapeur par 1″ pendant le dernier arc. (mètres)
0	0.0000	0.00000	0.0	0.0	0.0	0	14.3		0	4.3		0
5	0.0039	0.07695	3.0	2.5	0.0198	59	17.0	0.2372	5	7.0	0.0872	13
10	0.0026	0.22230	6.0	5.5	0.0612	55	19.6	0.2800	12	9.6	0.1270	27
15	0.0044	0.37620	9.0	8.5	0.1071	53	22.0	0.3182	18	12.0	0.1652	35
20	0.0060	0.51300	12.0	11.5	0.1539	51	24.3	0.3539	22	14.3	0.2001	39
25	0.0077	0.65825	14.8	14.3	0.1971	51	26.3	0.3871	26	16.3	0.2310	43
30	0.0092	0.78660	17.5	17.0	0.2372	50	28.0	0.4146	28	18.2	0.2632	45
35	0.0108	0.92340	20.1	19.6	0.2800	50	28.0	0.4284	33	19.8	0.2907	48
40	0.0122	1.04310	22.5	22.0	0.3182	50	28.0	0.4284	37	21.5	0.3137	50
45	0.0136	1.16280	24.8	24.3	0.3534	50	28.0	0.4284	41	22.4	0.3335	52
50	0.0147	1.23685	26.8	26.3	0.3871	50	28.0	0.4284	44	23.3	0.3488	54
55	0.0160	1.36800	28.7	28.0	0.4146	50	28.0	0.4284	48	24.0	0.3611	57
60	0.0169	1.44195	30.3	28.0	0.4284	51	28.0	0.4284	51	24.4	0.3702	59
65	0.0178	1.52190	31.7	28.0	0.4284	54	28.0	0.4284	54	24.5	0.3749	61
70	0.0185	1.58175	32.9	28.0	0.4284	56	28.0	0.4284	55	24.4	0.3733	64
75	0.0192	1.64160	33.8	28.0	0.4284	58	28.0	0.4284	57	24.0	0.3702	67
80	0.0195	1.66725	34.5	28.0	0.4284	59	28.0	0.4284	58	23.3	0.3642	70
85	0.0200	1.71000	34.9	28.0	0.4284	61	28.0	0.4284	60	22.4	0.3488	74
90	0.0200	1.71000	35.0	28.0	0.4284	61	28.0	0.4284	60	21.2	0.3335	77
95	0.0200	1.71000	34.9	28.0	0.4284	61	28.0	0.4284	60	19.8	0.3137	82
100	0.0199	1.70255	34.5	28.0	0.4284	61	28.0	0.4284	60	18.2	0.2907	88
105	0.0196	1.67580	33.8	28.0	0.4284	59	26.3	0.4146	61	16.3	0.2632	97
110	0.0192	1.64160	32.9	28.0	0.4284	58	24.3	0.3871	64	14.3	0.2310	108
115	0.0185	1.58175	31.7	28.0	0.4284	56	22.0	0.3534	67	12.0	0.2001	118
120	0.0178	1.52190	30.3	28.0	0.4284	54	19.6	0.3182	72	9.6	0.1652	138
125	0.0169	1.44195	28.7	28.0	0.4284	54	17.0	0.2800	78	7.0	0.1270	171
130	0.0159	1.35945	26.8	26.3	0.4146	50	14.3	0.2372	84	4.3	0.0872	210
135	0.0148	1.26540	24.8	24.3	0.3871	50	11.5	0.1971	96	1.5	0.0444	433
140	0.0136	1.16280	22.5	22.0	0.3534	50	8.5	0.1530	114	0	0.0107	1635
145	0.0122	1.04310	20.1	19.6	0.3182	50	5.5	0.1071	146	lumière ferm.	»	
150	0.0108	0.92340	17.5	17.0	0.2800	50	2.5	0.0612	229		»	
155	0.0092	0.78660	14.8	14.3	0.2372	50	0.0	0.0191	734		»	détente
160	0.0077	0.65835	12.0	11.5	0.1971	51	−2.3	0.0191			»	
165	0.0060	0.51300	9.0	8.5	0.1530	51	−5.5	1.0612	contre vapeur		»	
170	0.0044	0.37620	6.0	5.5	0.1071	53	−8.5	0.1071			»	
175	0.0028	0.23940	3.0	2.5	0.0612	54	−11.5	0.1538		−1.5	0.0107	contre
180	0.0007	0.05985	0.0	0.0	0.0163	55	−14.3	0.1971		−4.3	0.0444	vapeur

Ce tableau est d'une composition facile ; les 2e et 4e colonnes sont copiées textuellement du tableau 3, et donnent les courses partielles, par arc, d'un piston dont la course totale est de 0,46, et celle d'un tiroir dont la course est de 0,070.

Les volumes déterminés par la marche du piston s'obtiennent immédiatement au moyen de la surface de celui-ci qui est de 8 d. q. 55 en multipliant les chiffres de la colonne précédente par 8 d. q. 55. L'ouverture de la lumière est donnée par la course du tiroir à partir du milieu en défalquant le recouvrement tel que nous l'avons supposé, c'est ainsi que se composent les 5ᵉ, 8ᵉ et 11ᵉ colonnes.

L'ouverture moyenne au milieu de chaque arc, multipliée par la longueur réduite de la lumière 1 d. 53, donne la surface moyenne entre chaque arc qui compose les 6ᵉ, 9ᵉ et 12ᵉ colonnes.

Enfin le quotient du volume écoulé par arc, divisé par la surface moyenne, donne la vitesse par arc ou par 1/152 de seconde ; puis multipliant ce quotient par ce dernier chiffre on a la vitesse d'écoulement qui figure dans les 7ᵉ, 10ᵉ et 13ᵉ colonnes.

En adoptant l'avance de 25° on reconnaîtra que les ouvertures de la lumière sont les mêmes que quand il n'y a pas d'avance en remontant toutes ces ouvertures de 25°, en sorte que l'ouverture à 0° avec l'avance est la même que l'ouverture à 25°. De même que l'ouverture à 25° est la même que celle que nous avons donnée à 50° sans avance.

L'ouverture du tiroir a été limitée par la largeur de la lumière de 28 mm.

Nous avons marqué enfin par le signe — les ouvertures prématurées quand il y a avance.

Les vitesses d'écoulement ont dans ces trois dispositions des caractères bien différens.

Dans le 1ᵉʳ cas, sans avance, les vitesses sont presque constantes et le seraient tout-à-fait s'il n'y avait pas un petit recouvrement, et de plus si la lumière était exactement aussi large que la 1/2 course.

Dans la marche avec avance sans recouvrement, la vitesse de la vapeur est d'abord très faible : elle croît jusque vers le milieu, en restant la même que dans la marche sans avance ; puis elle s'accroît d'abord lentement et enfin assez fortement dans les derniers arcs avant la fermeture complète qui a lieu à 155° (8ᵉ colonne).

Quand enfin le recouvrement est joint à l'avance, toutes les vitesses de vapeur sont plus fortes que dans les mêmes positions sans recouvrement ; mais toujours au commencement elles sont faibles. Déjà au milieu elles commencent à croître, parceque dans la machine *Versailles* la course du tiroir est restreinte ; puis, à partir du milieu, elles augmentent rapidement, et sont déjà fort considérables bien avant la fermeture complète qui a lieu à 137° (intercalaire de la 1ʳᵉ colonne entre 135 et 140°).

La conséquence de cette progression qui devient si rapide c'est que la détente se fait de plus en plus tôt à mesure que la vitesse augmente, parcequ'il n'entre plus par la lumière que des parties trop faibles comparativement à ce qui serait nécessaire. Cette détente par étirage des lumières à de grandes vitesses n'a pas d'inconvéniens, la vapeur pouvant toujours arriver à pleine pression sur le piston au commencement de la course.

Nous donnons les vitesses des derniers arcs pour une marche de 10, 15, 20 et 25 lieues par heure.

TABLEAU 5.

Vitesses de passage de la vapeur dans le tiroir de la machine Versailles ayant une avance de 25 ^{c}, un recouvrement de 10 ^{mm} 1/2 et une vitesse de 10, 15, 20 et 25 lieues à l'heure.

ANGLES.	VITESSES EN LIEUES PAR HEURE.			
	10	15	20	25
	en mètres.	en mètres.	en mètres.	en mètres
90	77	103	154	185
95	82	109	164	197
100	88	117	176	211
105	97	129	194	233
110	108	144	216	259
115	118	157	236	283
120	138	184	276	331
125	171	228	342	410
130	240	320	480	576
135	433	577	866	1039
140	1635	2580	3270	3924
145	»	»	»	»

Ces vitesses devraient exister pour que la pression sur le piston se maintînt complète; mais comme elles exigeraient des différences énormes de pression pour exister elles-mêmes, il en résulte qu'une faible portion de la vapeur est admise et qu'il y a étirage par la lumière et détente dans le cylindre de la vapeur qui y est contenue.

Le point où l'on peut considérer que la détente a lieu peut être pris à partir de 200 mètres de vitesse.

3

Il en résulte qu'à   10 lieues la détente se fait après. . . . . 125°
                       15 lieues. . . . . après. . . . . . . 120°
                       20 lieues. . . . . après . . . . 110°
                       25 lieues. . . . . après. . . . . . . 100°

Nous ne répétons pas ces calculs pour l'avance de 25° sans recouvrement, parceque ce n'est pas une disposition aussi convenable que la précédente quant à l'entrée de vapeur. Cette disposition s'applique exclusivement à la lumière de sortie pour laquelle il résulte de l'absence du recouvrement que les vitesses s'accroissent à partir du milieu, mais dans une progression bien moins rapide. Sans doute à partir du milieu de la course du tiroir la vapeur ne s'échappe plus aussi facilement, et quand le tiroir est fermé celle qui reste se comprime jusqu'à ce que l'autre lumière s'ouvre et donne accès à la vapeur : mais cette compression de la vapeur déjà détendue n'offre pas de grands inconvénients, parcequ'elle a lieu en un point où le piston a peu d'action, et que la vapeur a de la place pour se comprimer et se refouler dans les conduits des lumières.

En résumé, l'avance du tiroir même avec recouvrement facilite l'admission de la vapeur parcequ'elle ne nécessite que de faibles vitesses de vapeur dans le commencement; si plus tard ces vitesses s'augmentent, elles ont un bon effet: celui de faire une détente plus grande.

Les diverses tensions de la vapeur dans un cylindre peuvent être établies ainsi en moyenne :

1° *Sans avance*, pleine vapeur pendant toute la course.

2° *Avance de* 25° *sans recouvrement.*

Pleine vapeur jusqu'à 145° ou 0,910 [1] de la course soit 0,910 pleine vap.

Fermeture complète à 155° ou 0,953. . . . . id. . . . . 0,043 détente.

Ouverture { d'échap-
pement.
à contre
vapeur. } à 155° ou 0,953. . . . . id. . . . . 0,047 échapp.

jusqu'à la fin de la course à 180° ou 1,000. . . . . id. . . . . 0,047 contre vap.

3° *Avec avance de* 25° *et recouvrement.*

Pleine vapeur jusqu'à 125° ou 0,787 de la course soit 0,787 pleine vapeur.

Fermeture complète 135°. . 0,854. . . . . id. . . . . 0,067 détente part.

Ouverture d'échapp. 155°. . 0,953. . . . . id. . . . . 0,099 dét. complète.

Jusqu'à la fin 180°. . 1,000. . . . . id. . . . . 0,047 échappement.

De 173 à 180° contre-vapeur. ou 0,005

Ces résultats sont extraits du Tableau 4.

Des calculs analogues peuvent être faits sur toutes les machines que nous

Voir le tableau 3 bis.

avons examinées, les vitesses d'écoulement dépendant à la fois de la longueur de la lumière et de la course du tiroir. Du reste, l'avance de 25° et le recouvrement nous paraissent devoir être appliqués à toutes les machines sans distinction. Nous présentons dans le tableau suivant les courses des divers tiroirs et leur position au point mort et au milieu de la course ou à 90° qui peut être considéré comme l'ouverture moyenne des lumières quand il y a recouvrement.

TABLEAU 6.

Des dimensions des lumières et de la course des tiroirs des machines locomotives des chemins de fer de Saint-Germain et de Versailles et des ouvertures de ces lumières au commencement et au milieu de la course quand il y a avance de 25° avec ou sans recouvrement.

DÉSIGNATION DES MACHINES.	DIMENSIONS des lumières.			Course de tiroir exprimée en mm.	OUVERTURE de la lumière au point mort.			OUVERTURE de la lumière à 90°.		
	LONGUEUR.	LARGEUR.	SURFACE RÉELLE en décimèt. carrés		AVEC AVANCE à 25°.	LONGUEUR du recouvrement.	AVEC AVANCE et recouvrement.	SANS AVANCE.	AVEC AVANCE à 25°.	AVEC AVANCE et recouvrement.
Denys Papin.	0.150	0.025	0.375	70	14.3	10.5	4.3	28.0	28.0	21.2
Bury. . . .	0.106	0.027	0.286	70	14.3	10.5	4.3	28.0	28.0	21.2
Tayleur. . .	0.170	0.034	0.578	70	14.3	10.5	4.3	34.0	31.2	21.2
Etna. . . .	0.236	0.291	0.696	78	16.9	12.0	4.9	29.5	29.5	24.3
Alsace. . .	0.203	0.380	0.780	82	16.9	12.0	4.9	38.0	35.8	24.3
Gauloise. .	0.190	0.036	0.680	108	22.8	15.8	7.0	36.0	36.0	33.1
Bucéphale.	0.205	0.038	0.779	87	19.0	13.0	6.0	38.0	38.0	27.8
Creusot. . .	0.180	0.030	0.540	79	16.9	12.0	4.9	30.0	30.0	24.3
Alcide.. . .	0.203	0.038	0.770	82	16.9	12.0	4.9	38.0	35.8	24.3
Vesta. . . .	0.242	0.032	0.774	93	19.8	14.0	5.8	32.0	32.0	28.6
Schneider exp.	0.200	0.030	0.600	80	16.9	12.0	4.9	30.0	30.0	24.3
Versailles. .	0.235	0.028	0.658	70	14.3	10.5	4.3	28.0	28.0	21.2
Vésuve. . .	0.172	0.043	0.826	94	19.4	14.0	5.9	43.0	42.1	28.6

L'avance de 25° a été supposée appliquée uniformément à toutes ces machines, et le recouvrement de la lumière d'introduction calculé de manière à ce que celle-ci ouvre 7° avant la fin de la course.

Il n'est pas nécessaire de répéter qu'en réalité aucune de ces machines ne se trouve dans ces conditions.

Leur avance est au plus de 10" à 15" et les recouvremens sont assez faibles.

Nous considérons l'avance de 25° avec recouvrement des 2/3 de l'avance comme devant servir aux entrées de vapeur. Nous en tirerons les vitesses moyennes pour l'angle de 90° et pour les diverses machines de la même manière que ces vitesses ont été obtenues dans le tableau 4 pour *la Versailles*.

Le tableau 4 donne les vitesses à 10 lieues à l'heure. Pour une marche supérieure elles sont proportionnelles.

On a mis dans le tableau 7 les pressions effectives correspondantes pour produire ces vitesses, en supposant la vapeur à une tension de 4 atmosphères absolues.

TABLEAU 7.

Indiquant, pour diverses machines, les vitesses de passage, par les lumières d'introduction, de la vapeur à une tension de 4 atmosphères absolues et les pressions effectives génératrices correspondantes pour des vitesses de marche de 8, 10, 12, 16, 20 et 24 lieues à l'heure.

DÉSIGNATION DES MACHINES.	VITESSE DE PASSAGE DE LA VAPEUR dans les lumières d'introduction à 90° la vitesse de marche en lieues par heure étant de						PRESSION EFFECTIVE CORRESPONDANTE, la tension de la vapeur étant de 4 atmosphères et la vitesse de marche de la machine en lieues par heure de					
	8	10	12	16	20	24	8	10	12	16	20	24
Denys Papin	67	83	101	134	167	201	0.05	0.07	0.11	0.19	0 28	0.42
Bury	95	119	143	190	237	285	0.09	0.15	0.21	0.38	0.58	0.85
Tayleur	63	79	94	126	157	189	0.04	0.05	0.08	0.14	1.21	0.30
Etna	38	47	56	76	95	112	0.02	0.03	0.04	0.05	0.07	0.09
Alsace	53	66	80	106	132	159	0.03	0.05	0.09	0.12	0.18	0.26
Gauloise	53	66	80	106	133	159	0.03	0.05	0.09	0.12	0.18	0.26
Bucéphale	52	65	78	104	130	156	0.03	0.05	0.09	0.12	0.18	0.27
Creusot	71	89	107	142	178	213	0.05	0.08	0.12	0.22	0.34	0 47
Alcide	58	72	87	116	145	174	0.04	0.05	0.08	0.14	0.22	0.32
Vesta	54	68	81	108	135	162	0.03	0.05	0.08	0.12	0.18	0.30
Schneider exp.	59	74	89	118	148	177	0.04	0.06	0.08	0.14	0.23	0.32
Versailles	62	78	93	125	155	186	0.04	0.06	0.09	0.16	0.25	0.36
Vésuve	56	71	85	113	142	169	0.04	0.05	0.08	0.14	0.21	0.30

Les pressions effectives qui résultent de ce tableau démontrent qu'en général une faible pression est nécessaire pour engendrer la vitesse de passage
de la vapeur dans les lumières d'introduction. Ainsi cette pression n'est en
moyenne que de   0,07 at. à 10 lieues.

        0,16 at. à 16 lieues.

        0,32 at. à 24 lieues.

Ces différences si faibles de tension sont compensées par une plus grande
ouverture de régulateur et n'entraînent aucune perte de force de la machine, parceque la pression sur le piston n'a jamais besoin d'être égale a
celle de la chaudière à de grandes vitesses. Un fait ressort encore de l'exa-
men du tableau précédent : c'est qu'il est convenable d'augmenter la course
du tiroir tout en gardant les mêmes dimensions de la lumière afin que le
grand recouvrement ne diminue pas trop la section du passage de la vapeur.

Les vitesses de passage par les lumières de sortie peuvent être prises pour
l'avance de 25° *sans recouvrement* comme pour les sections maxima aux
vitesses maxima du piston.

Nous avons donné ces vitesses pour la marche de 10 lieues à l'heure dans
le tableau 1. En calculant ces vitesses pour des marches de 12, 16, 20 et 24
lieues, nous formons le tableau suivant.

Il n'est ici question que des vitesses dues à la marche du piston et nulle-
ment de celles provenant d'une détente de la vapeur, que nous traiterons spécialement plus loin.

TABLEAU 8.

Des vitesses de passage de la vapeur dans les lumières de sortie et des pressions effectives génératrices correspondantes, l'écoulement étant supposé avoir lieu dans l'atmosphère et la vitesse de marche des machines variant de 8 à 24 lieues à l'heure.

DÉSIGNATION DES MACHINES.	VITESSE DE PASSAGE DE LA VAPEUR dans les lumières de sortie à 90°, la vitesse de marche en lieues par heure étant de						PRESSION EFFECTIVE CORRESPONDANTE pour produire l'écoulement DANS L'ATMOSPHÈRE.					
	8	10	12	16	20	24	8	10	12	16	20	24
Denys Papin	58	73	85	116	146	170	0.010	0.015	0.020	0.040	0.065	0.090
Bury.......	78	97	117	156	194	233	0.020	0.030	0.040	0.075	0.120	0.180
Tayleur.....	40	50	60	80	100	120	0.005	0.008	0.011	0.020	0.030	0.045
Etna........	32	40	48	64	80	96	0.002	0.003	0.004	0.005	0.007	0.009
Alsace......	34	43	52	69	86	103	0.004	0.006	0.009	0.015	0.023	0.033
Gau'oise....	51	64	77	102	128	154	0.008	0.012	0.018	0.030	0.050	0.075
Bucéphale...	39	49	59	78	98	118	0.005	0.008	0.011	0.020	0.030	0.045
Creusot	59	74	89	118	148	178	0.010	0.015	0.020	0.040	0.065	0.090
Alcide	38	47	56	75	94	113	0.005	0.007	0.010	0.017	0.026	0.040
Vesta	41	51	61	82	102	122	0.005	0.008	0.011	0.020	0.030	0.045
Schneider exp.	49	61	73	98	122	146	0.007	0.012	0.017	0.030	0.045	0.065
Versailles...	49	61	73	98	122	146	0.007	0.012	0.017	0.030	0.045	0.065
Vésuve.....	38	48	57	77	96	113	0.005	0.008	0.011	0.020	0.030	0.045

Toutes ces pressions effectives nécessaires pour produire le passage de la vapeur sont de véritables résistances contre le piston, elles doivent donc être calculées avec soin; mais on remarquera qu'elles sont insignifiantes jusqu'à 16 lieues à l'heure, où elles s'élèvent à 0,03 d'atmosphère en moyenne. Enfin à 24 lieues elles ne sont encore que de 0,06 d'atmosphère.

La résistance créée par la vitesse de passage de la vapeur dans la lumière de *sortie* est donc très-peu importante dans les vitesses ordinaires, et en tout cas elle ne peut être un obstacle sérieux à ce que la machine prenne de très-grandes vitesses de marche.

Jusqu'à présent nous n'avons considéré que le passage naturel de la vapeur dans les lumières, c'est-à-dire que nous avons supposé qu'il ne s'écoulait soit à l'arrivée, soit à la sortie, que le volume engendré par les pistons; mais il n'en est pas ainsi : par les lumières d'introduction, s'il faut, à de grandes vitesses, une tension notable pour produire la vitesse de passage, le volume écoulé est moindre que celui qui est déterminé par le piston ; aux vitesses ordinaires la différence est trop faible pour en tenir compte.

Au contraire, à l'échappement, le volume écoulé est beaucoup plus considérable que celui qui est déterminé par le piston. Le cylindre en effet, au moment où la lumière s'ouvre, est rempli de vapeur à une haute pression : par le seul fait de l'ouverture de la lumière, cette pression ne disparaît pas immédiatement; mais elle s'abaisse successivement et se détend: par conséquent, à mesure que la vapeur s'écoule jusqu'à ce que la pression soit annulée, l'écoulement a lieu avec la vitesse maximum, c'est-à-dire celle qui est due à la différence des tensions.

La durée du dégagement de la vapeur est plus grande qu'on ne le pense, et crée derrière le piston une résistance considérable que l'on diminue beaucoup et que l'on utilise même en donnant de l'avance.

Nous allons chercher à déterminer approximativement les résistances créées ainsi par la détente de la vapeur qui s'échappe du cylindre.

Supposez un vase de 1 m. c. de capacité rempli de vapeur à 5 atm. de tension : en ouvrant l'orifice, la vapeur commencera à s'écouler et la pression baissera à 4,75 atm. par exemple. Au commencement, il s'écoulait de la vapeur à 5 atm. La tension de la vapeur qui s'écoule a baissé successivement, à la fin elle n'est que de 4 atm. 75 par exemple : il est facile de déterminer la quantité de vapeur écoulée, elle est égale à la différence du poids d'un mètre cube de vapeur à ces deux pressions :

Ainsi le mètre cube de vapeur à 5 atm. pèse 2,5682 k.

     à 4 atm. 75 — 2,4514

Le poids de la vapeur écoulée sera de 0,1168 k.

Le volume de cette vapeur se compose d'une suite de volumes à des densités différentes; mais il est sensiblement exact de supposer une densité moyenne, c'est-à-dire :

$$\frac{2 \text{ k. } 5682 + 2 \text{ k. } 4514}{2} = 2 \text{ k. } 5098 \text{ le mètre cube.}$$

Le volume de vapeur écoulée sera alors $\dfrac{0, \text{ k. } 1168}{2, \quad 5098} = 0, \text{ m. c. } 0465$ ou en résumé les $\dfrac{465}{10{,}000}$ du volume primitif.

Pour descendre à la pression de 4 atm. 50, il perdrait un nouveau poids de vapeur dont on trouverait le volume de la même manière.

C'est par cette méthode que le tableau suivant a été composé.

Le volume primitif étant constant et égal à l'unité, il en résulte que les augmentations partielles d'une pression à une autre sont des fractions de ce volume; et qu'en les ajoutant afin d'avoir les volumes totaux entre deux pressions plus distantes, les nombres que l'on obtient sont toujours proportionnels et peuvent s'appliquer immédiatement à tout cylindre dont la capacité est déterminée.

TABLEAU 9.

Indiquant les volumes écoulés pour que la vapeur renfermée dans un vase d'un mètre cube de capacité passe successivement à toutes les pressions depuis cinq atmosphères jusqu'à la pression atmosphérique, —— et les volumes totaux écoulés pour que la vapeur se détende à la pression atmosphérique

PRESSION absolue en atmosphères.	POIDS du mètre cube de vapeur aux pressions absolues indiquées.	DIFFÉRENCES de poids du mètre cube de vapeur entre deux pressions absolues successives.	VOLUME du poids de vapeur écoulé rapporté à la pression moyenne de la vapeur.	VOLUME total qui doit s'écouler pour que le mètre cube de vapeur aux diverses pressions se soit détendu à la pression atmosphérique.
atm.	kil.	kil.	m. c.	m. c.
5.	2.5682	0.1168	0.0465	1.4720
4.75	2.4514	0.1169	0.0489	1.4255
4.50	2.3345	0.1170	0.0514	1.3766
4.25	2.2175	0.1213	0.0562	1.3252
4.00	2.0962	0.1205	0.0592	1.2690
3.75	1.9757	0.1208	0.0631	1.2098
3.50	1.8549	0.1213	0.0674	1.1467
3.25	1.7336	0.1224	0.0732	1.0793
3.00	1.6110	0.1237	0.0799	1.0061
2.75	1.4873	0.1239	0.0870	0.9262
2.50	1.3634	0.1258	0.0968	0.8392
2.25	1.2376	0.1264	0.1075	0.7424
2.00	1.1112	0.1276	0.1218	0.6349
1.75	0.9836	0.1300	0.1415	0.5131
1.50	0.8536	0.0787	0.0961	0.3716
1.35	0.7749	0.0525	0.0701	0.2755
1.25	0.7224	0.0268	0.0378	0.2054
1.20	0.6956	0.0269	0.0394	0.1676
1.15	0.6687	0.0268	0.0409	0.1282
1.10	0.6419	0.0269	0.0428	0.0873
1.05	0.6150	0.0268	0.0445	0.0445
1.00	0.5882	◊	◊	◊

Les nombres du dernier tableau s'appliquant à un mètre cube deviennent des chiffres proportionnels, qui, multipliés par la capacité d'un cylindre déterminé, donnent immédiatement les volumes qui s'écouleraient pour que la pression s'abaissât.

Ainsi, par exemple, pour la machine *Versailles,* dont le cylindre a un volume de 39 décim. 33, il sera facile de déterminer les volumes qui devront s'écouler pour que la pression, à partir de 4 atmosph. s'abaisse successivement de quart en quart d'atmosphère jusqu'à la pression atmosphérique.

A chaque pression correspond une vitesse d'écoulement.

On doit admettre qu'entre deux pressions successives la vitesse d'écoulement est proportionnelle aux pressions ; ainsi, par exemple :

> à 4 atmosph. la vitesse d'écoulement étant de 539 m.
> à 3,75   de 531
> à 3,94 elle sera de   537

En effet la différence de pression est de 0 atm. 25 ; la différence de la première avec celle qui est donnée est de 0,06. Le rapport entre les deux différences est $\frac{0,06}{0,25}$ soit 1/4, la différence des vitesses est de 8 dont le quart est 2, la vitesse correspondante à une pression de 3,94 est donc de 539—2=537.

Ainsi après chaque volume écoulé la vitesse est déterminée, et à un volume quelconque il sera facile de déterminer la vitesse en intercalant le volume dans la série, et en cherchant la vitesse proportionnelle.

On comprend qu'il y ait entre les volumes écoulés, les pressions et les vitesses d'écoulement des relations qui suivent une loi constante et rigoureuse.

On détermine ainsi la loi d'écoulement de la vapeur à une certaine tension s'échappant d'un cylindre d'une capacité déterminée dans un milieu dont la pression est connue et constante, dans l'atmosphère par exemple. C'est ce qui constitue la première partie du tableau 10.

Il faut rechercher maintenant pendant quel temps cet écoulement a lieu, et, par conséquent, le temps pendant lequel la pression se maintient ou n'est pas encore annulée.

Le tiroir s'ouvre successivement ; au commencement et pendant les premiers instans il est presque fermé : le mouvement est assez rapide, mais néanmoins les ouvertures sont restreintes d'abord. Si la surface du tiroir était constante, en divisant chaque volume par la vitesse moyenne d'écoulement, on aurait en fraction de secondes le temps de l'écoulement pour chaque abaissement de pression de 1/4 d'atmosphère.

La surface de section n'étant pas constante, le problème est plus difficile et l'on ne peut arriver au résultat que par tâtonnement. Il s'agit de recomposer une deuxième série de volumes partiels et totaux s'intercalant dans l'autre série, et d'en tirer les vitesses finales et moyennes.

Les volumes et les vitesses de cette nouvelle série doivent satisfaire à deux conditions : la première, de s'accorder avec les chiffres de la première série, c'est-à-dire que le volume partiel et la vitesse moyenne soient exactement ceux que l'on tirerait de la première série.

La seconde condition, c'est que la surface réduite de l'ouverture du tiroir multipliée par la vitesse moyenne d'écoulement déjà citée donne le volume d'écoulement qui s'accorde avec la première série.

Le tableau lui-même et les explications qui le suivront feront comprendre facilement le mécanisme de ce calcul.

Les surfaces moyennes d'orifice des lumières réduites par le coefficient ont été prises de 5" en 5" dans le tableau 3, c'est la surface moyenne de la lumière aux deux extrémités de l'arc.

Le tableau est calculé pour une vitesse de marche de 11 lieues à l'heure, c'est-à-dire 12 m.,222 par 1", ce qui représente un nombre de tours de roues de $\frac{12,222}{5,24} = 2,332$ par 1" ou $2,332 \times 72 = 168$ arcs de 5" par seconde. L'écoulement étant donné par arcs de 5" sera calculé par 1/168 de seconde.

Ainsi les vitesses, qui sont données en secondes, seront aussi réduites pour le temps d'un arc de 5".

Pour la facilité du calcul ces nouvelles vitesses réduites ont été multipliées par 10, ce qui représente des vitesses d'écoulement en décimètres par arc de 5". Le produit de cette vitesse par la surface en décimètres quarrés donne le volume écoulé par arc de 5" en décimètres cubes.

Chacun de ces volumes partiels et leurs vitesses doivent s'accorder ensuite exactement avec la première série. C'est dans le but de faire cette vérification, et de la rendre plus saillante, que nous avons placé dans le tableau les colonnes des chiffres de vérification.

TABLEAU 10. — Indiquant pour la machine Versailles, marchant à 11 lieues à l'heure, la pression moyenne, par arc de 5°, que la vapeur conserve derrière le piston en se détendant successivement jusqu'à la pression atmosphérique : la pression initiale de la vapeur étant de 4 atmosphères.

Désignation	Unité	5°	10°	15°	20°	25°	30°	35°	40°	45°	50°
PRESSION EFFECTIVE au-dessus de la pression atmosph.	en atm.	2.97	2.84	2.56	2.17	1.75	1.25	0.94	0.62	0.33	0.15
PRESSION MOYENNE de la vapeur contre le piston au milieu de chaque arc de 5°	en atm.	3.97	3.84	3.56	3.17	2.75	2.25	1.94	1.62	1.33	1.15
QUANTITÉ DE VAPEUR écoulée en décimètres c. — A LA FIN de chaque arc de 5°	en déc. c.	0.640	2.580	5.929	10.555	16.264	22.734	29.745	36.543	42.544	47.382
QUANTITÉ DE VAPEUR écoulée — PAR ARC de 5°	en déc. c.	0.640	1.940	3.349	4.636	5.709	6.470	6.972	6.837	6.001	4.838
VITESSE MOYENNE d'écoulement de la vapeur — EN DÉCIMÈTRES par arc de 5°	d.	32.0	31.8	31.3	30.3	29.0	27.3	24.9	21.5	17.4	12.5
VITESSE MOYENNE d'écoulement de la vapeur — EN MÈTRES par 1″	m.	538	534	525	510	488	459	418	367	293	210
SURFACE MOYENNE réduite des tiroirs entre 2 angles successifs	en d. q.	0.020	0.061	0.107	0.153	0.197	0.237	0.280	0.318	0.353	0.387
ANGLES PARCOURUS par les excentriques à partir du milieu de la course	en degr.	5	10	15	20	25	30	35	40	45	50
NOMBRES DE VÉRIFICATION — VITESSE d'écoulement moyenne entre chaque angle	en m.	538	534	525	510	488	459	418	362	293	210
NOMBRES DE VÉRIFICATION — VITESSE d'écoulement à la fin de chaque arc	en m.	(539) 537	531	519	501	475	443	393	331	255	155
VOLUME PARTIEL écoulé par chaque arc de 5° de la marche des tiroirs	en déc. c.	0.640	1.940	3.349	4.636	5.709	6.470	6.972	6.837	6.001	4.838
VOLUME TOTAL écoulé à la fin de chaque arc de 5°	en déc. c.	0.640	2.580	5.929	10.555	16.264	22.734	29.706	36.543	42.544	47.382

Désignation	Unité																	
AUGMENTATION du volume de vapeur qui s'échappe — TOTALE à la fin de chaque pression	en déc. c.	2.328	4.810	7.461	10.340	13.483	16.905	20.712	24.949	29.739	35.304	39.084	41.841	43.328	44.878	46.487	48.170	49.920
AUGMENTATION du volume de vapeur qui s'échappe — PARTIELLE à la fin de chaque pression	en déc. c.	2.328	2.482	2.651	2.879	3.143	3.422	3.807	4.237	4.790	5.565	3.780	2.757	1.487	1.550	1.609	1.683	1.750
FRACTION d'augmentation du vol. d'une cylindrée d'une pression à l'autre		0.0592	0.0631	0.0674	0.0732	0.0799	0.0870	0.0968	0.1075	0.1218	0.1415	0.0951	0.0701	0.0378	0.0394	0.0409	0.0428	0.0445
Vitesse d'écoul. de la vapeur dans l'atmosphère	en m.	539	531	523	513	502	488	473	458	427	393	344	302	265	242	214	178	129
PRESSION absolue de la vapeur	en atm.	3.75	3.50	3.25	3.00	2.75	2.50	2.25	2.00	1.75	1.50	1.35	1.25	1.20	1.15	1.10	1.05	1.00

Les premières colonnes sont spécialement consacrées à l'écoulement théorique, c'est-à-dire aux augmentations partielles et totales des volumes, aux vitesses qui leur correspondent ainsi qu'aux pressions. La seconde division est l'ouverture moyenne des lumières par arc de 5", qui, multipliée par la vitesse d'écoulement en arc de 5", donne les volumes écoulés successivement et qui doivent recomposer la première série et s'accorder à la fin avec elle. Cette seconde partie, ainsi que les nombres de vérification, doit se faire successivement en plaçant les angles en regard des positions où ils doivent s'intercaler dans la première série.

Ainsi pour l'arc de 5" la surface moyenne réduite de la lumière est de o d. q, o2, la vitesse par 1" est de 538 m., ce qui fait par 1/168 de seconde 32 d. ou un volume écoulé de $0{,}02 \times 32 = o$ d.c.,640. La vitesse finale qui lui correspond est de 537. En effet $\frac{640}{2380} = 1/4$ environ.

La différence des vitesses est $539 - 531 = 8$ m. dont le quart est 2, à défalquer 539, soit 537 m.

La vitesse initiale est de 539 m. et celle finale de 537 m. La vitesse moyenne sera donc de 538 m. qui est celle qui a déjà été admise. La supposition première était donc juste.

Entre 5° et 10° la surface du tiroir est de o d.q. o61, la vitesse d'écoulement supposée de 534 m. produit un volume partiel de 1 d.c.,940 et total de 2 d c,580. Ce dernier chiffre reporté à la dernière colonne se place entre 3 atm. 75 et 3 atm. 5o ou entre une vitesse de 531 m. et une de 523 m. La vitesse qui est proportionnelle est de 531 m., la vitesse initiale est de 537 m., la vitesse moyenne sera de 534, nombre admis ; et ainsi de suite jusqu'à ce que le volume de 49 décimètres cubes soit écoulé.

Les pressions qui existent entre chaque arc sont celles qui engendrent les vitesses moyennes ; elles se déterminent par différences et proportions comme toutes les autres. En défalquant la pression atmosphérique, on obtient la pression effective que la détente de la vapeur conserve et qui s'exerce contre le piston.

On voit que cette pression se maintient très considérable : jusqu'au 15° degré elle n'est baissée que de 1/2 atmosphère et au 25° de 1 atm. 25. Elle se perpétue jusqu'au 5o° degré, c'est-à-dire pendant 10 arcs de 5° ou 1/17 de seconde ou pendant plus du quart du temps de la course du piston.

Ces résultats sont au-dessous de la réalité parceque le piston n'est pas resté immobile, il s'est avancé et a créé pour l'écoulement de la vapeur des pressions plus considérables.

Nous n'en tenons pas compte ici parceque le calcul serait beaucoup plus compliqué et qu'il ne nous permettrait pas de faire des comparaisons essentielles entre la marche sans avance et la marche avec avance.

Négligeant en effet le mouvement du piston si nous donnons 25° d'avance, il en résultera que la pression effective des cinq premiers arcs agira sur le piston dans le sens de son mouvement et que les pressions effectives des autres arcs s'opposeront seules à son mouvement de retour.

Si, au contraire, nous avons un retard de 15°, l'ouverture n'ayant lieu que 5° après le point mort, il y aura contre-vapeur entière pendant 3 arcs, et ensuite pour chaque arc successif la pression indiquée au tableau précédent.

En déterminant pour chaque arc la fraction de la course que parcourt le piston, on aura la pression effective rapportée à la course totale.

Ces calculs ont été faits pour la machine *Versailles*, marchant à 11 lieues à l'heure, et sont renfermés dans le tableau suivant pour 3 distributions : 1° sans avance, 2° avec retard de 15°, 3° avec avance de 25°

TABLEAU 11.

Indiquant pour la machine Versailles marchant à 11 lieues à l'heure, les pressions effectives contre le piston par arc de 5°, et le travail utile ou nuisible de la vapeur qui se détend en s'échappant par la lumière de sortie (la tension absolue de la vapeur dans le cylindre étant de 4 atmosphères): 1° sans avance 2°, avec retard de 15°, 3° avec avance de 25°.

angle de la marche du piston à partir du point de l'échappement	FRACTION de la COURSE que parcourt LE PISTON		SANS AVANCE. RÉSISTANCE.		RETARD DE 15°. RÉSISTANCE.		AVANCE DE 25°. RÉSISTANCE.		AVANCE DE 25°. PUISSANCE.	
	en sens contraire à la pression d'échappem.	dans le sens de la pression d'échappem.	pression moyenne effective DE LA VAPEUR.	PRESSION moyenne effective rapportée à la course totale	pression moyenne effective DE LA VAPEUR.	PRESSION moyenne effective rapportée à la course totale	pression moyenne effective DE LA VAPEUR.	PRESSION moyenne effective rapportée à la course totale	pression moyenne effective DE LA VAPEUR.	PRESSION moyenne effective rapportée à la course totale
en d°.			atm.	atm.	atm.	atm.	atm.	atm.	atm.	atm.
—25	»	0.0167	»	»	»	»	»	»	2.97	0.0496
—20	»	0.0130	»	»	»	»	»	»	2.84	0.0369
—15	»	0.0096	»	»	»	»	»	»	2.56	0.0246
—10	»	0.0057	»	»	»	»	»	»	2.17	0.0124
—5	»	0.0019	»	»	»	»	»	»	1.75	0.0033
0	»	»	»	»	»	»	»	»	»	»
5	0.0019	»	2.97	0.0056	3.00	0.0057	1.25	0.0024	»	»
10	0.0057	»	2.84	0.0162	3.00	0.0171	0.94	0.0054	»	»
15	0.0096	»	2.56	0.0246	3.00	0.0288	0.62	0.0060	»	»
20	0.0130	»	2.17	0.0282	2.97	0.0386	0.33	0.0043	»	»
25	0.0167	»	1.75	0.0292	2.84	0.0474	0.15	0.0025	»	»
30	0.0201	»	1.25	0.0251	2.56	0.0515	»	»	»	»
35	0.0235	»	0.94	0.0223	2.17	0.0510	»	»	»	»
40	0.0265	»	0.62	0.0164	1.75	0.0464	»	»	»	»
45	0.0295	»	0.33	0.0097	1.25	0.0364	»	»	»	»
50	0.0321	»	0.15	0.0048	0.94	0.0302	»	»	»	»
55	0.0346	»	»	»	0.62	0.0215	»	»	»	»
60	0.0368	»	»	»	0.33	0.0121	»	»	»	»
65	0.0387	»	»	»	0.15	0.0058	»	»	»	»
			moyenne		moyenne		moyenne		moyenne	
totaux	0.2887	0.0469	1.02	0.1821	1.36	0.3925	0.44	0.0206	2.70	0.1268
y compris l'augmentation de ½...				0.2185		0.4710		0.0250		»

Ainsi sans avance il y a contre le piston, et pendant un angle de 50°, ou pendant les **18/100** de la course (Tableau 3), une pression qui est en moyenne de 1 atm. 02, et qui, répartie sur la course entière, équivaut à 0 atm. 1821.

2° Quand il y a retard de 15°, cette pression contraire existe pendant 65° ou 0,289 de la course. Sa valeur moyenne est de 1 atm. 36, et, répartie sur la course entière, c'est une pression variable de 0 atm. 393.

3° Enfin, avec avance de 25°, cette contre-pression n'existe que pendant 25° ou 0,047 de la course, son intensité moyenne est de 0 atm. 44 seulement, et la pression moyenne totale, répartie sur la course entière, n'est que de 0 atm. 02.

En outre, on emploie la pression qui reste à la vapeur qui se détend pendant les 25° que le piston parcourt après l'ouverture de la lumière de sortie; c'est-à-dire qu'il y a une pression utile moyenne de 2 atm. 70 pendant 0,047 de la course ce qui, réparti sur la course entière, fait 0 atm. 1268. Cette quantité défalquée de la perte donne en résumé un bénéfice de force de 0 atm. 106.

En comparant cette force gagnée à celle que l'on perd quand on a du retard, ou même quand l'excentrique est normal, on doit se convaincre de la nécessité de l'avance.

Quand on ne donne pas au tiroir un grand recouvrement en même temps qu'on donne de l'avance, il y a une contre-vapeur; c'est-à-dire que la vapeur est admise en sens inverse du mouvement du piston pendant 25°.

C'est un inconvénient assez grand au moment du départ, parceque cela fait perdre de la puissance de traction de la machine; mais, en marche, cet inconvénient est compensé et au delà par la diminution de résistance de l'échappement. En effet, en nous reportant au tableau précédent, nous trouvons qu'avec avance de 25° la pression moyenne de la vapeur à l'échappement a été de 2 atm. 70; pendant les cinq derniers arcs la pression de contre-vapeur qui serait opposée en cas de non-recouvrement serait de 3 atm. effectives, pendant la même course. La différence à ajouter aux résistances de la marche avec avance serait loin de compenser l'énorme économie que l'on aurait obtenue. En effet, pour la marche sans avance, nous avons résistance à l'échappement, répartie sur toute la course, 0 atm. 1821. pour la marche avec avance de 25° sans recouvrement, nous avons:

Contre-vapeur. . . . . 0 0469 $\times$ 3 atm. = 0 1407

Résistance d'échappement 0 0206

          Total. 0,1613

À retrancher :

Utilisation des premières pressions de l'échappement. 0 1268

Reste une perte de travail de. 0,0345

Différence en faveur de la marche avec avance. 0,1476

On voit donc que la marche avec avance et à la vitesse ordinaire présente de grandes économies sur la marche sans avance, même quand il n'y a pas de recouvrement.

Si, au contraire, on donne du recouvrement de manière à ce que la contre-vapeur n'existe qu'à la fin de la course seulement, les avantages augmentent à la fois par la suppression de la résistance et par l'augmentation de la détente.

Nous ne nous occuperons donc pas de la marche avec la distribution en retard, elle est inadmissible *à fortiori*.

Les résistances calculées ainsi par la détente de la vapeur qui s'écoule sont trop faibles, parcequ'on ne tient pas compte du volume poussé par le piston. Des calculs nous ont indiqué que l'augmentation qui résulte de ce nouvel élément est de $^1/_5$; nous augmenterons de cette fraction les chiffres obtenus, qui deviendront, pour la marche sans avance, o, atm. 218 ; lieu de o, at. 1821. et, avec avance, o, atm. o23 ; au lieu de o, at. 2020.

Il nous a paru intéressant de répéter les calculs renfermés dans les tableaux précédens, pour des vitesses et des tensions de vapeur différentes.

Seulement, pour nous rapprocher de la pratique, nous avons senti la nécessité de prendre pour point de départ la force de vaporisation. Celle-ci a été déterminée dans la note deuxième, et a été fixée à 2060 kil. par heure pour la machine *la Versailles*, à raison de 90 kil. de vapeur par heure et par mètre carré de surface de chauffe réduite. Nous avons appelé cette quantité la *force de vaporisation effective*, c'est-à-dire la fraction réellement utilisée : mais en réalité cette vaporisation s'est élevée, d'après M. de Pambour, à 120 kil. en moyenne ; et d'après la dernière expérience de Wood sur les chemins anglais sur des machines allant à une plus grande vitesse, à 160 kil. par heure et par mètre carré de surface de chauffe réduite. Dans quelques expériences elle s'est même élevée jusqu'à 200 kil.

Il nous a donc paru convenable de faire pour la même machine ces calculs avec les suppositions de vaporisation de 90 kil. 120 kil., et 160 kil. par heure et par mètre carré de surface de chauffe réduite. Les tensions absolues seront supposées de 5 atmosphères, 4 atmosphères, 3 atmosphères et 2 atmosphères, et les vitesses de marche sont calculées pour que le piston consomme toute la vapeur produite par la chaudière.

Le tableau suivant résume les résultats obtenus.

TABLEAU 12. — Indiquant par arcs de 5° en 5° et pour la machine Versailles fonctionnant sans avance les pressions moyennes effectives et les fractions du travail total absorbé par la résistance sur le piston de la vapeur qui se détend et s'écoule par la lumière de sortie. — La vapeur étant supposée avoir agi sur le piston à des tensions absolues de 5, 4, 3 et 2 atmosphères, et la vaporisation étant supposée de 90, 120 et 160 k. correspondant aux vitesses de marche indiquées; l'écoulement ayant lieu dans l'atmosphère.

5 ATMOSPHÈRES absolues.

PRESSIONS en atmosphères; Vitesse de marche de la machine	FRACTION DE LA COURSE parcourue partielle	totale	6 lieues. 81 k. Pression moy. effective en atm.	rapportée à la course totale	9 lieues. 121 k. Pression moy. effective en atm.	rapportée à la course totale	12 lieues. 162 k. Pression moy. effective en atm.	rapportée à la course totale
5	0.0019	0.0019	3.90	0.0071	3.90	0.0074	4.00	0.0076
10	0.0057	0.0076	3.70	0.0211	3.75	0.0214	3.80	0.0217
15	0.0096	0.0172	3.00	0.0291	3.25	0.0252	3.50	0.0336
20	0.0130	0.0302	2.20	0.0286	2.65	0.0345	3.00	0.0390
25	0.0167	0.0469	1.55	0.0259	2.00	0.0334	2.50	0.0417
30	0.0211	0.0679	0.85	0.0171	1.45	0.0291	1.85	0.0372
35	0.0235	0.0905	0.40	0.0094	0.87	0.0204	1.45	0.0317
40	0.0255	0.1173	0.11	0.0029	0.55	0.0146	0.90	0.0238
45	0.0265	0.1461	»	»	0.24	0.0071	0.60	0.0177
50	0.0321	0.1786	»	»	0.08	0.0027	0.31	0.0099
55	0.0346	0.2132	»	»	»	»	0.13	0.0043
60	0.0368	0.2500	»	»	»	»	0.06	0.0022
65	0.0387	0.2887	»	»	»	»	»	»
70	0.0403	0.2890	»	»	»	»	»	»
totaux et moyen.			moy	0.1418	moy	0.1958	moy	0.2706
d'augmentation			1.45	0.1702	1.31	0.2350	1.30	0.3247
frac. du tr. th. ab.				0.0425		0.0588		0.0812

4 ATMOSPHÈRES absolues.

PRESSIONS	partielle	totale	8 lieues. 88 k. Pression moy. effective en atm.	rapportée à la course totale	11 lieues. 121 k. Pression moy. effective en atm.	rapportée à la course totale	14 lieues ½. 160 k. Pression moy. effective en atm.	rapportée à la course totale
5	0.0019	0.0019	2.90	0.0055	3.00	0.0057	3.00	0.0057
10	0.0057	0.0076	2.73	0.0157	2.90	0.0165	2.90	0.0165
15	0.0096	0.0172	2.45	0.0235	2.60	0.0250	2.65	0.0257
20	0.0130	0.0302	1.90	0.0247	2.20	0.0286	2.35	0.0305
25	0.0167	0.0469	1.40	0.0234	1.75	0.0292	2.00	0.0334
30	0.0211	0.0679	0.95	0.0191	1.39	0.0261	1.60	0.0322
35	0.0235	0.0905	0.55	0.0129	0.90	0.0212	1.25	0.0235
40	0.0255	0.1173	0.25	0.0066	0.55	0.0146	0.90	0.0238
45	0.0265	0.1461	0.06	0.0017	0.28	0.0083	0.60	0.0177
50	0.0321	0.1786	»	»	0.13	0.0042	0.35	0.0112
55	0.0346	0.2132	»	»	»	»	0.18	0.0062
60	0.0368	0.2500	»	»	»	»	0.08	0.0023
65	0.0387	0.2887	»	»	»	»	»	»
70	0.0403	0.2890	»	»	»	»	»	»
totaux et moyen.			moy	0.1331	moy	0.1794	moy	0.2350
d'augmentation			1.09	0.1595	1.21	0.2153	1.13	0.2820
frac. du tr. th. ab.				0.0532		0.0718		0.0949

3 ATMOSPHÈRES absolues.

PRESSIONS	partielle	totale	11 lieues. 93 k. Pression moy. effective en atm.	rapportée à la course totale	14 lieues. 122 k. Pression moy. effective en atm.	rapportée à la course totale	20 lieues. 168 k. Pression moy. effective en atm.	rapportée à la course totale
5	0.0019	0.0019	2.00	0.0038	2.60	0.0038	2.60	0.0038
10	0.0057	0.0076	1.85	0.0105	1.85	0.0105	1.95	0.0111
15	0.0096	0.0172	1.65	0.0158	1.75	0.0168	1.85	0.0178
20	0.0130	0.0302	1.40	0.0182	1.51	0.0196	1.60	0.0208
25	0.0167	0.0469	1.10	0.0184	1.25	0.0200	1.47	0.0246
30	0.0211	0.0679	0.81	0.0163	0.97	0.0195	1.25	0.0251
35	0.0235	0.0905	0.52	0.0122	0.72	0.0169	1.00	0.0235
40	0.0255	0.1173	0.29	0.0068	0.50	0.0132	0.80	0.0212
45	0.0265	0.1461	0.14	0.0041	0.30	0.0089	0.60	0.0177
50	0.0321	0.1786	0.07	0.0022	0.16	0.0051	0.42	0.0135
55	0.0346	0.2132	»	»	0.08	0.0028	0.25	0.0086
60	0.0368	0.2500	»	»	»	»	0.16	0.0059
65	0.0387	0.2887	»	»	»	»	0.08	0.0031
70	0.0403	0.2890	»	»	»	»	»	»
totaux et moyen.			moy	0.1083	moy	0.1380	moy	0.1967
d'augmentation			0.73	0.1300	0.78	0.1656	0.82	0.2360
frac. du tr. th. ab.				0.0650		0.0828		0.1180

2 ATMOSPHÈRES absolues.

PRESSIONS	partielle	totale	15 lieues ½. 90 k. Pression moy. effective en atm.	rapportée à la course totale	20 lieues. 124 k. Pression moy. effective en atm.	rapportée à la course totale	28 lieues. 167 k. Pression moy. effective en atm.	rapportée à la course totale
5	0.0019	0.0019	1.00	0.0019	1.00	0.0019	1.00	0.0019
10	0.0057	0.0076	0.75	0.0054	0.95	0.0051	1.00	0.0057
15	0.0096	0.0172	0.88	0.0085	0.90	0.0086	0.95	0.0084
20	0.0130	0.0302	0.75	0.0098	0.80	0.0104	0.85	0.0111
25	0.0167	0.0469	0.63	0.0105	0.72	0.0127	0.78	0.0130
30	0.0211	0.0679	0.46	0.0093	0.55	0.0111	0.65	0.0131
35	0.0235	0.0905	0.34	0.0080	0.43	0.0107	0.58	0.0136
40	0.0255	0.1173	0.23	0.0061	0.32	0.0085	0.47	0.0115
45	0.0265	0.1461	0.12	0.0035	0.22	0.0065	0.36	0.0106
50	0.0321	0.1786	0.06	0.0019	0.13	0.0042	0.25	0.0080
55	0.0346	0.2132	»	»	0.08	0.0028	0.21	0.0073
60	0.0368	0.2500	»	»	»	»	0.15	0.0055
65	0.0387	0.2887	»	»	»	»	0.08	0.0031
70	0.0403	0.2890	»	»	»	»	0.04	0.0016
totaux et moyen.			moy	0.0649	moy	0.0828	moy	0.1151
d'augmentation			0.43	0.0779	0.47	0.0994	0.42	0.1381
frac. du tr. th. ab.				0.0779		0.0994		0.1381

On voit que pour les vaporisations minima la vapeur n'est complètement détendue qu'après 40 à 50°, que pour une vaporisation de 120 kil. elle dure jusqu'à 55 et 60°; et que quant à la production de vapeur de 160 kil., la durée varie de 60 à 70°.

Il est évident que pour cette machine une avance de 25° n'est pas trop forte, puisqu'à cet angle la pression effective contre le piston est encore très considérable.

Si on compare le travail absorbé aux diverses pressions, on voit qu'il est sensiblement proportionnel aux vitesses et par conséquent à la quantité de vapeur produite. En partant des mêmes forces de vaporisation, les pressions moyennes contre le piston diminuent avec la tension de la vapeur. Ainsi, à 120 k. par heure, la pression moyenne est de 0 atm. 235 pour 5 atmosphères, et de 0 atm. 099 pour 2 atmosphères. Mais comme les vitesses sont tout-à-fait différentes dans les deux cas, ainsi que la pression initiale de la vapeur, il en résulte que la fraction du travail perdu est beaucoup plus grande : à 5 atmosphères, par exemple, elle est de 0. 059 du travail théorique, et à 2 atmosphères elle est de 0. 099.

Le travail perdu par la résistance de la vapeur qui sort du cylindre augmente donc beaucoup avec les vitesses de marche quand la production de vapeur employée est constante.

Enfin la résistance de la vapeur à la sortie du cylindre absorbe de 4 à 14 pour 100 du travail total théorique de cette vaporisation.

En appliquant l'avance du tiroir de 25° à la machine *la Versailles* on a déterminé la résistance de la vapeur à la sortie, ainsi que la partie de ces pressions qui sont utilisées.

L'avantage de la marche avec avance est donc représenté par la somme de la résistance de la vapeur quand il n'y a pas d'avance, et du travail utile qu'elle donne au contraire quand il y en a; ou, en d'autres termes, la somme de ce que l'on ne perd pas unie à ce que l'on gagne. C'est ce qui est indiqué dans le tableau suivant, soit pour les pressions, soit pour le travail.

TABLEAU 13.

Indiquant pour la machine Versailles dans diverses conditions de tension de vapeur, de vitesse de marche, et de force de vaporisation, les pressions que la vapeur conserve en s'échappant par la lumière de sortie, économisées et utilisées par l'avance de 25 °.

TENSION absolue en Atmosphères.	VITESSE DE MARCHE EN LIEUES PAR HEURE.	VAPORISATION par HEURE et par MÈTRE CARRÉ DE CHAUFFE RÉDUITE.	PRESSION MOYENNE EFFECTIVE EN ATMOSPHÈRES engendrée par la résistance de la vapeur qui se détend par la lumière de sortie. SANS AVANCE.	AVEC AVANCE de 25°. UTILISÉE dans les premiers 25°.	RÉSISTANCE au-delà des premiers 25°.	Utilis. ou différ. entre la press. pend. les 1ers 25° et celle au-delà.	EXCÉDANT en faveur de la marche avec avance.	DIFFÉRENCE DE TRAVAIL en faveur de l'avance à 25°, le travail de la cylindrée étant 1.
		kilo.						
5 Atmosphères.	6	81	0.170	0.158	0.006	0.152	0.322	0.080
	9	122	0.235	0.164	0.021	0.143	0.378	0.095
	12	162	0.325	0.172	0.074	0.098	0.423	0.106
4 Atmosphères.	8	88	0.160	0.121	0.010	0.111	0.271	0.090
	11	124	0.219	0.129	0.022	0.107	0.321	0.107
	14 1/2	160	0.282	0.131	0.046	0.085	0.367	0.122
3 Atmosphères.	11	93	0.130	0.084	0.012	0.072	0.202	0.101
	14	122	0.167	0.085	0.023	0.062	0.229	0.115
	20	168	0.236	0.089	0.050	0.039	0.275	0.138
2 Atmosphères.	15 1/2	90	0.078	0.047	0.009	0.034	0.112	0.112
	20	124	0.099	0.044	0.016	0.028	0.127	0.127
	28	157	0.138	0.045	0.034	0.011	0.149	0.149

Ce tableau concerne uniquement les pressions produites par la vapeur qui se détend en s'échappant par la lumière de sortie ; il fait ressortir à ce point de vue unique les avantages de l'avance qui sont de deux espèces, comme nous l'avons dit : économie de la résistance qui aurait lieu sans avance, et, de plus, emploi de cette pression comme puissance pendant 25°.

Quand l'avance est telle, cette puissance excédant toujours la résistance due à la pression pendant les autres arcs, une fraction de sa valeur doit être ajoutée à l'économie déjà citée, pour former le bénéfice que donne l'avance et qui est renfermé dans la huitième colonne.

La dernière colonne peut servir de point de comparaison, parcequ'elle donne le rapport de l'économie obtenue par l'avance au travail théorique de la vapeur sur le piston ; ce qui s'effectue en divisant la pression économisée et utilisée par le nombre d'atmosphères effectives agissant sur le piston. Nous voyons que l'économie que l'on obtient varie de 8 à 14 p. 100 : que pour la même force de vaporisation cette économie augmente avec la vitesse, en raison inverse de la tension de la vapeur employée ; et que pour la même tension de vapeur elle augmente avec la vitesse et avec la quantité de vapeur employée.

Ces résultats sont obtenus abstraction faite des entrées de vapeur, et des contre-vapeurs que l'on aura si l'on ne met pas de recouvrement ; mais alors ce serait un mauvais emploi de la vapeur, et cela n'empêcherait pas l'économie dont nous venons de parler d'exister.

Pour apprécier exactement les bénéfices que l'on obtient en donnant de l'avance au tiroir, il faut tenir compte à-la-fois de ce qui se passe à l'échappement et aux entrées de vapeur ; il y a en effet une détente par celle-ci, détente qui augmente en donnant du recouvrement.

Pour la machine *Versailles* avec 25' d'avance et 10 millim. 1/2 de recouvrement au tiroir, la lumière d'introduction est fermée complètement à 135°, c'est-à-dire à 0,854 de la course ; mais à 127° et à une vitesse moyenne de 10 lieues à l'heure, la section d'entrée est déjà très-diminuée : on peut donc la supposer fermée à ce point, c'est-à-dire à 0,800 de la course.

A 155° ou 0,953 de la course la lumière s'ouvre pour donner issue à la vapeur il y a détente pendant 0,153,. La pression à 127° et à 0,800 de la course étant 1, la pression à 155°, c'est-à-dire quand le volume primitif sera devenu 0,953, sera $\dfrac{0,800}{0,953} = 0,855$, et la tension moyenne sera les 0,93 de ce qu'elle était. Ainsi, à 3 atmosphères de pression initiale, la pression moyenne pendant la détente sera de $3 \times 0,93 = 2$, atm. 79, c'est-à-dire 1 atm. 79 effective. De plus, au moment où la lumière s'ouvre, cette pression finale devient $3 \times 0,855 = 2$, atm. 57 soit 1, atm. 57 de pression effective.

Le travail de la vapeur que l'on doit à la détente et que l'on utilise sera multiplié par cette pression réduite ; il en sera de même des résistances de la vapeur en s'écoulant. Il est clair que si la pression initiale diminue, le travail résultant diminuera également. C'est même un avantage de l'avance avec recouvrement, c'est qu'au moment de l'ouverture du tiroir de sortie la pression de la vapeur est déjà beaucoup abaissée grâce à la détente.

C'est d'après ces bases qu'a été établi le tableau suivant, donnant la comparaison du travail de la machine avec ou sans avance.

La consommation de vapeur avec l'avance et le recouvrement n'étant que les 8/10 de ce qu'elle est sans avance, le travail utile d'un même poids de vapeur dans les mêmes circonstances pourra être déduit facilement ainsi que l'économie qui résulte de ses applications.

TABLEAU 14. — Indiquant les pressions moyennes effectives contre le piston de la machine *Versailles* fonctionnant à des pressions de 5, 4, 3 et 2 atm. absolues et à des vitesses variables correspondant à une production de vapeur de 90, 120 et 160 kil. par heure et par m. q. de chauffe réduite. — Comparaison de l'effet utile de la vapeur : 1° quand il n'y a ni avance, ni recouvrement; 2° quand il y a avance de 25°, et recouvrement de 10 mill. 1/2.

Tension absolue de la vapeur en atmosphères.	Vitesse de marche en lieues par heure.	Vaporisation par heure et par mètre q. de chauffe réduite.	PRESSION MOY. EFF. SANS AVANCE.			PRESSION MOYENNE EFFECTIVE AVEC AVANCE DE 25° ET RECOUVREMENT.								Différence des pressions moy. utiles, en faveur de la marche avec avance.	Travail d'une cylindrée avec avance, le travail sans avance étant 1.	TRAVAIL AVEC AVANCE, le travail de la vap. à la même pression sans avance étant 1.
						PRESSION UTILISÉE.				PRESSION CONTRAIRE.						
			Pression à pleine vapeur toute la course.	Pression moyenne contre le piston par la vap. qui se détend à la lum. de sortie.	Pression moyenne utile.	À pleine vapeur. 0.80 de la course.	Détente. 0.153 de la course.	Pression moyenne de la vap. qui s'échappe à 0.047 de la course.	TOTALE.	Échappement réduit à cause de la détente.	Contre-vapeur 0.005 de la course.	TOTALE.	Différence ou pression moy. utile finale.			
		kil.	atm.	atm.	atm.	atm.	atm.	atm.	atm.	atm.	atm.	atm.	atm.	atm.	atm.	atm.
5	6	81	4.000	0.170	3.830	3.200	0.558	0.128	3.886	0.005	0.020	0.025	3.861	0.031	1.008	1.260
	9	121	4.000	0.235	3.765	3.200	0.558	0.133	3.891	0.017	0.020	0.037	3.854	0.089	1.024	1.279
	12	162	4.000	0.325	3.675	3.200	0.558	0.139	3.897	0.060	0.020	0.080	3.817	0.142	1.039	1.299
4	8	88	3.000	0.160	2.840	2.400	0.416	0.097	2.913	0.008	0.015	0.023	2.890	0.050	1.017	1.271
	11	121	3.000	0.215	2.785	2.400	0.416	0.103	2.919	0.018	0.015	0.033	2.886	0.101	1.034	1.292
	14 1/2	160	3.000	0.282	2.718	2.400	0.416	0.105	2.921	0.037	0.015	0.052	2.869	0.151	1.053	1.315
3	11	93	2.000	0.130	1.870	1.600	0.274	0.063	1.937	0.009	0.010	0.019	1.918	0.048	1.025	1.281
	14	122	2.000	0.167	1.833	1.600	0.274	0.064	1.938	0.018	0.010	0.028	1.910	0.077	1.040	1.300
	20	168	2.000	0.236	1.764	1.600	0.274	0.068	1.942	0.038	0.010	0.048	1.894	0.130	1.068	1.335
2	15 1/2	90	1.000	0.078	0.922	0.800	0.132	0.030	0.962	0.006	0.005	0.011	0.951	0.029	1.031	1.289
	20	124	1.000	0.099	0.901	0.800	0.132	0.031	0.963	0.011	0.005	0.016	0.947	0.046	1.049	1.311
	28	157	1.000	0.138	0.862	0.800	0.132	0.032	0.964	0.024	0.005	0.029	0.935	0.073	1.078	1.347

Ce tableau est formé en supposant que la pression dans le tuyau d'échappement est nulle, c'est-à-dire en supposant qu'il n'y a que la pression atmosphérique.

Le travail théorique de la vapeur est calculé en conséquence, en défalquant un atmosphère de la tension absolue de la vapeur.

Toutes les pressions sont rapportées à la course entière, de manière à pouvoir les comparer facilement : les pressions effectives provenant de la vapeur qui s'échappe par les lumières sont extraites des tableaux précédents, avec une correction cependant que nous allons indiquer.

La pression utilisée se compose d'un travail à pleine vapeur pendant o,8 de la course. C'est donc, comme pression moyenne, la pression effective totale multipliée par cette fraction.

La seconde partie pendant laquelle il y a détente existe pendant o,155 de la course. Nous avons vu tout à l'heure que la pression moyenne était de o,93; mais comme la détente se fait par rapport au vide, il faut qu'elle s'applique à la tension absolue, et que l'on défalque ensuite de la pression réduite 1 atmosphère. Ainsi, par exemple : à 3 atmosphères absolues, la pression moyenne de la vapeur pendant la détente sera de $3 \times 0,93 = 2$, atm. 79.

La pression effective deviendra 1, atm. 79, qui, multipliée par o,153, donne une pression moyenne répartie sur la course entière de o,274 qui figure dans le tableau.

Enfin, le travail dû à la pression de la vapeur qui s'échappe existe pendant o,047 de la course; on en a la mesure exacte dans le tableau 13, en supposant seulement que la tension initiale de la vapeur soit complète.

Par cela même qu'il y a eu détente, ce travail sera diminué. Nous supposons que cette diminution est proportionnelle aux pressions; ainsi, par exemple : pour 3 atmosphères absolues de tension, la pression finale de la détente est de o,85 de ce qu'elle était; soit 2, at. 55, soit 1, at. 55 de pression effective au lieu de 2 : c'est $\dfrac{1,55}{2} = 0,77$ de ce qu'elle avait été à pleine vapeur.

Les pressions nuisibles de l'échappement après les 25° d'avance sont réduites dans la même proportion.

La contre-vapeur a déjà été calculée de o,005 de la course ; on arrive donc facilement à la pression effective totale, quand il y a avance et recouvrement On remarquera que ces pressions sont toujours plus considérables quand il y a avance que quand il n'y en a pas; ainsi se confirme ce fait que *l'avance unie au recouvrement augmente la puissance de traction des machines fonctionnant dans leur état habituel de marche.*

5

Ceci est exact, même pour les plus faibles vitesses, ainsi, pour 6 lieues à l'heure et une vaporisation de 80 k. seulement par mètre quarré de surface de chauffe et par heure.

Cette augmentation de puissance varie de 1 à 8 pour 100; elle s'accroît avec la vitesse et avec la quantité de vapeur consommée.

Elle existe, bien que l'on ne dépense que 0,80 de ce que l'on aurait dépensé sans avance; et l'effet utile de la vapeur est augmenté dans une grande proportion.

Le bénéfice qui est indiqué dans la dernière colonne du tableau 14 varie de 26 à 35 pour 100. Il augmente avec la vitesse et dans une proportion plus considérable encore que nous ne le supposons; car à de grandes vitesses la détente a lieu plus tôt, et par conséquent une moindre quantité de vapeur est admise.

Ce bénéfice si grand est dû non-seulement à l'avance, mais au recouvrement qui empêche la contre-vapeur et augmente la détente en économisant la consommation.

Cependant nous allons faire voir que l'avance de 25° donne encore de l'économie, quand même on ne donnerait pas de recouvrement, et par conséquent malgré la grande résistance créée par la contre-vapeur.

Dans ce cas, la lumière n'est complètement fermée qu'à 155°; mais elle est tellement rétrécie à 147°, qu'on peut considérer qu'il n'y a pleine vapeur que jusque-là, ou pendant 0,92 de la course. La lumière d'échappement s'ouvre à 155°, ou à 0,953 de la course. Ainsi, il y a détente pendant 0,033 de la course; et la pression finale de la vapeur, au lieu d'être 1, sera de $1 \times \dfrac{0,920}{0,953}$ soit 0,965. La pression moyenne serait donc 0,980.

Il y aura à faire pour le tableau précédent les mêmes corrections pour la pression moyenne de la vapeur qui s'échappe, soit qu'on l'utilise ou qu'elle soit contraire. La contre-vapeur, à cause du petit recouvrement, existe pendant 0,04 de la course.

Le tableau suivant a été composé d'après ces documens; il s'applique aux mêmes données que le précédent, en supposant seulement qu'il n'y aurait un recouvrement que de 1/2 millimètre au lieu de 10 millim. 1/2.

TABLEAU 15. — Indiquant les pressions moyennes effectives contre le piston de la machine *Versailles* fonctionnant à des tensions de 5, 4, 3 et 2 atmos. et à des vitesses variables correspondant en général à des productions de vapeur de 90, 120 et 160 kilo. par heure et par m. q. de chauffe réduite. — Comparaison de l'effet utile de la vapeur : 1° sans avance ; 2° avec avance de 25° sans recouvrement.

Pression absolue de la vapeur en atmosphères.	Vitesse de marche en lieues par heure.	Vaporisation par heure et par mètre q. de chauffe réduite.	PRESSION MOY. EFF. sans avance. Pression à pleine vapeur pendant la course entière.	Pression moyenne contre le piston par la vap. qui se détend par la lum. de sortie	Pression moyenne utile.	A pleine vapeur. 0.92 de la course.	Détente. 0.034 de la course. Press. moy.	Press. moy. due a la vap. qui s'échap. par la lum. de sort. pend. les 1ers 25° réd.	TOTALE	Échappement réduit par la détente.	Contre-vapeur 0.04 de la course.	TOTALE.	Diff. des press. utiles et des pressions nuisibles ou pression utile finale.	DIFFÉRENCE DES PRESSIONS MOYENNES avec avance. +	DIFFÉRENCE DES PRESSIONS MOYENNES avec avance. −	TRAVAIL DE LA CYLINDRÉE avec avance, le travail sans avance étant I.	TRAVAIL AVEC AVANCE, le travail de la vapeur à la même pression sans avance étant I.
		kil.	atm.	atm.	atm.	atm.	atm.	atm.	atm.	atm.	atm.	atm.	atm.	atm.	atm.		
5	6	81	4.000	0.170	3.830	3.680	0.133	0.150	3.963	0.005	0.160	0.165	3.798	»	0.032	0.992	1.078
	9	121	4.000	0.235	3.765	3.680	0.133	0.156	3.969	0.020	0.160	0.180	3.787	0.022	»	1.006	1.094
	12	162	4.000	0.315	3.675	3.680	0 133	0.163	3.976	0.070	0.160	0.230	3.746	0.071	»	1.019	1.107
4	8	88	3.000	0.160	2.840	2.760	0.099	0.092	2.951	0.010	0.120	0.130	2.821	»	0.019	0.993	1.079
	11	121	3.000	0.215	2.785	2.760	0.099	0.098	2.957	0.021	0.120	0.141	2.817	0.032	»	1.011	1.099
	14 ¹/₂	160	3.000	0.282	2.718	2.760	0.099	0.100	2.959	0.044	0.120	0.164	2.785	0.067	»	1.024	1.113
3	11	93	2.000	0.130	1.870	1.840	0.066	0.079	1.985	0.012	0.080	0.092	1.893	0.023	»	1.012	1.110
	14	122	2.000	0.167	1.833	1.840	0.066	0.080	1.986	0.022	0.080	0.102	1.884	0.051	»	1.028	1.117
	20	168	2.000	0.236	1.764	1.840	0.066	0.084	1.990	0.047	0.080	0.127	1.863	0.099	»	1.056	1.148
2	15 ¹/₂	90	1.000	0.078	0.922	0.920	0.033	0.040	0.993	0.008	0.040	0.048	0.945	0.023	»	1.025	1.114
	20	124	1.000	0.099	0.901	0.920	0.033	0.041	0.994	0.015	0.040	0.055	0.939	0.038	»	1.042	1.132
	8	157	1.000	0.138	0.862	0.920	0.033	0.042	0.995	0.032	0.040	0.072	0.922	0.060	»	1.070	1.163

L'économie de vapeur est au moins de 8 pour 100, elle s'élève jusqu'à 10 pour 100 ; il est donc avantageux d'appliquer l'avance de 25°, même quand on ne donne pas de recouvrement.

Il y a augmentation de puissance de la machine excepté dans deux cas : pour des vitesses faibles de 6 et 8 lieues à l'heure et pour des consommations restreintes de vapeur ; dans toutes les autres positions l'augmentation de puissance de la machine existe et s'élève jusqu'à 6 et 7 pour 100.

Du reste, il n'y a qu'une impossibilité comme celle d'une boîte à tiroir trop courte qui puisse empêcher de donner au tiroir un recouvrement extérieur.

Ainsi tous nos calculs nous conduisent à ce fait que l'avance du tiroir convenablement appliquée augmente la puissance des machines ; et cependant il est admis que cette même avance diminue leur force de traction. Ces deux faits si opposés peuvent cependant se concilier. Le premier est vrai quand la machine est en marche. Le second s'applique au moment du départ.

C'est alors une question d'équilibre seulement : il s'agit de tirer le plus grand parti de la pression que l'on a dans la chaudière ; il est clair que dans ce cas l'avance est nuisible en ce qu'elle produit une détente et même une contre-vapeur, et que le bénéfice que l'on retirerait de l'utilisation de la pression de la vapeur quand elle se détend par la lumière de sortie n'existe plus puisque la vapeur peut s'échapper presqu'instantanément.

Dans la marche de 25° et recouvrement de 10 mill. 1/2 il y a :

fermeture complète de vapeur à 137° ou 0,870 de la course,
détente jusqu'à 155° ou 0,953 de la course, soit pend. 0,083,
contre-vapeur à 173° ou 0,995 0,005,

La pression initiale étant 1, la pression finale après la détente $= 1 \times \dfrac{870}{953} =$ 0,913 et la pression moyenne de 0,956.

Dans la marche avec avance sans recouvrement il y a pleine vapeur pendant 155°, ou 0,953 de la course, ouverture au même point, et contre-vapeur pendant 0,04 de la course.

Avec ces élémens on a établi le tableau suivant.

TABLEAU 16.

Donnant la comparaison des puissances de traction de la machine Versailles au moment du départ, et avec des pressions absolues de vapeur de 5, 4, 3 et 2 atmosphères : 1º avec avance à 25 ° et recouvrement de 10 millimètres et demi 2º avec avance de 25 ° sans recouvrement.

| Pression absolue en atmosphères. | PRESSION MOYENNE effective sans avance. à pleine vapeur. | PRESSION MOYENNE EFFECTIVE avec avance de 25°. PRESSIONS UTILES. | | | PRESSION NUISIBLE contre-vapeur. | PRESSION UTILE finale. | DIFFÉRENCE en faveur de la marche sans avance. | Différence de puissance de traction pour la marche avec avance. |
		à pleine vapeur.	détente.	totale.				
	atm.	atm.	atm.	atm.	atm.	atm.	atm.	atm.
1° AVEC AVANCE DE 25 ° ET RECOUVREMENT (1).								
5	4.000	3.480	0.315	3.795	0.020	3.775	0.225	0.056
4	3.000	2.610	0.236	2.846	0.015	2.831	0.169	0.056
3	2.000	1.740	0.156	1.896	0.010	1.886	0.114	0.057
2	1.000	0.870	0.076	0.946	0.005	0.941	0.059	0.059
2° AVEC AVANCE SANS RECOUVREMENT (2).								
5	4.000	3.812	”	3.812	0.160	3.652	0.348	0.087
4	3.000	2.859	”	2.859	0.120	2.739	0.261	0.087
3	2.000	1.906	”	1.906	0.080	1.820	0.180	0.087
2	1.000	0.953	”	0.953	0.040	0.913	0.087	0.087

(1) Pleine vapeur. . . . . 0,870 de la course.
Avec détente. . . . . 0,080.
Rapport de la pression moyenne avec détente à la pression initiale.
Pression absolue en atmosphères = P.
Pression moyenne effective de la vapeur pendant la détente = (0,96 $\times$ P) — 1
Contre-vapeur. . . . . 0,005 de la course.
(2) Fraction de la course à pleine vapeur : 0,953.
à contre-vapeur : 0,040.

L'avantage reste encore ici à l'avance unie au recouvrement qui ne diminue que de 6 pour 100 environ la force de traction de la machine au moment du départ et quel que soit du reste la pression de la chaudière.

Cette différence est insignifiante et serait facilement compensée par une augmentation de pression dans la chaudière.

Si on ne donnait pas de recouvrement avec l'avance de 25°, la machine perdrait 9 pour 100 de sa puissance de traction au moment du départ.

Nous avons démontré l'utilité de l'avance du tiroir et nous en avons fait ressortir les avantages pour la machine *Versailles* dans diverses conditions de marche. Sans entrer dans des calculs analogues pour toutes les autres machines, nous dirons que l'utilité de l'avance existe pour toutes au point de vue de l'application de la détente ; que sous ce rapport elle est encore plus grande pour les lumières étroites : que cette avance est d'autant plus nécessaire que les lumières sont moins grandes et que le tiroir a moins de course, parceque l'on économise une résistance plus grande et qu'on l'utilise même. Ces réflexions suffiront pour que nous n'ayons pas besoin d'y joindre des calculs étendus sur les autres machines.

En résumé :

Le mouvement de la vapeur dans les tiroirs peut se diviser en deux parties distinctes que nous avons examinées séparément : le mouvement de la vapeur à l'entrée, et celui de la vapeur qui a produit le mouvement et qui s'échappe.

L'admission de la vapeur par les lumières n'est pas un obstacle en général dans les dimensions usitées.

Avec une distribution sans avance ni recouvrement la vitesse d'admission par les lumières est constante ; et comme la vitesse de passage de la vapeur est toujours réduite aux vitesses de marche ordinaires, la pression sur le piston est égale à celle de la chaudière s'il n'y a pas d'autre obstacle. A des vitesses plus considérables il peut y avoir étirage par la lumière, mais jamais assez sensible pour remplacer complètement celui qui est nécessaire par le régulateur pour que la chaudière suffise à l'alimentation des cylindres.

Avec l'avance les vitesses d'écoulement d'abord faibles au commencement deviennent égales à celles qui auraient lieu sans avance vers le milieu de sa course, et s'accroissent rapidement ensuite jusqu'à n'admettre que peu de vapeur et à fermer ensuite tout-à-fait l'orifice. Il en résulte d'abord que la quantité de vapeur admise sur le piston est à pleine pression jusque vers le milieu, qu'ensuite elle va en diminuant ; la différence de pression qui se forme par la dilatation de la vapeur ne permettant qu'une fraction de la vitesse nécessaire pour que toute la vapeur pénètre, elle s'arrête complètement avant la fin et laisse ainsi agir la détente seule. La dépense de vapeur pour un cylindre est donc moindre avec de l'avance que sans avance. Le travail développé par la vapeur est aussi moindre, puisqu'il y a détente.

Si on ne donnait pas de recouvrement, ce travail théorique de la vapeur devrait être diminué encore de la contre-vapeur qui aurait lieu par suite de l'ouverture prématurée de la lumière d'admission.

L'avance du tiroir avec recouvrement a donc pour effet d'économiser de la vapeur en appliquant la détente, et elle n'est pas un obstacle à ce que la machine prenne de grandes vitesses.

En étudiant le mouvement de la vapeur par les lumières de sortie on remarque que les vitesses d'écoulement des volumes déterminés par la marche du piston sont toujours faibles et ne causent aucun obstacle, mais qu'il n'en est pas de même des résistances que la vapeur éprouve à s'échapper pendant qu'elle se détend jusqu'à la pression atmosphérique.

Cette détente de la vapeur qui vient d'agir à pleine pression sur le piston et qui doit s'échapper dans l'atmosphère rend l'avance du tiroir indispensable, car sans elle la vapeur conserve sa pression contre la marche du piston et lui crée une résistance considérable.

Pour que de la vapeur à 4 atmosphères dont la densité est de 2, k. 0962 se réduise à la pression atmosphérique, c'est-à-dire à la densité de 0,5882, il faut qu'il s'en échappe plus des deux tiers en poids. Elle ne peut passer ainsi subitement à la pression atmosphérique, elle baisse donc successivement par fractions d'atmosphère. Il est facile en connaissant la densité de la vapeur à diverses pressions successives de déterminer les quantités qui se sont écoulées successivement et leur volume. Le volume total écoulé est considérable, puisque de 4 atmosphères à la pression atmosphérique un volume de 100 laisse échapper un volume de 126,9 pour arriver à la pression atmosphérique. Il importe que ce volume s'échappe immédiatement, pour dégager en arrière le piston ; mais au premier instant les lumières sont peu ouvertes, il en résulte alors que la pression se perpétue. On s'en rend compte très facilement en décomposant le mouvement des tiroirs par arcs de 5°, et en calculant les volumes qu'ils peuvent laisser échapper en partant des vitesses qui correspondraient aux pressions effectives que garde la vapeur et qui diminuent de plus en plus.

Ainsi, en mettant en regard : d'un côté les volumes écoulés et les vitesses nécessaires pour que les pressions s'abaissent, et de l'autre les surfaces des lumières et les volumes engendrés par leur combinaison avec les vitesses ; on arrive à déterminer, pour chaque arc, la quantité de vapeur écoulée, sa vitesse et sa pression. Ces calculs faits pour la machine *Versailles* à 4 pressions effectives et pour des vitesses correspondant à ces diverses pressions et à trois forces de vaporisation différentes, c'est-à-dire pour 12 hypothèses de marche, nous ont donné un résultat constant : c'est que pendant les 10 premiers degrés la pression ne diminue presque pas, qu'au 25° degré elle est encore au moins égale à la moitié de la pression effective initiale, et en général plus considérable ; qu'elle se perpétue en outre jusqu'au 40° degré au moins et quelquefois jusqu'au 70°.

Ces calculs faits pour l'écoulement d'un cylindre supposé sans piston amèneraient à des résistances encore plus grandes si on tenait compte de la marche du piston et de la vapeur qu'il pousse devant lui. En présence de ces faits l'avantage de l'avance du tiroir est évidente. Une avance de 25° n'est certes pas très considérable ; il en résulte que ces pressions encore si importantes qui ont lieu pendant l'échappement non seulement ne nuisent pas mais sont utilisées parce qu'elles agissent encore sur le piston pendant qu'il termine son mouvement ; et quand celui-ci revient, les pressions que conserve la vapeur non encore complètement détendue ne s'appliquent plus qu'à de faibles parcours du piston et sont insignifiantes.

La combinaison du recouvrement et de l'avance ayant enfin pour effet de détendre la vapeur qui agit dans le cylindre, celle-ci a une moins grande tension au moment de l'ouverture du tiroir et par suite conserve au bout des 25° une tension moins forte et moins nuisible.

Cet inconvénient de la résistance créée contre le piston par la vapeur qui s'échappe, qui est si grave dans les machines locomotives et qui oblige à donner une grande avance au tiroir, existerait de même pour les machines fixes, si l'on n'appliquait toujours à celles-ci la détente au tiers ou au quart. Il en résulte que la vapeur est amenée naturellement dans le cylindre a la pression à laquelle elle peut s'échapper sans faire obstacle à la marche du piston. Là réside le véritable motif de l'avance du tiroir. Il n'est pas besoin alors d'insister sur le mauvais effet qu'il y aurait à mettre un recouvrement intérieur au tiroir : ce serait arrêter l'échappement.

Les raisons si graves qui indiquent la nécessité de l'avance font ressortir les inconvéniens d'un retard dans la distribution.

L'économie de résistance et l'utilisation de cette même résistance avec une avance de 25° ont donné pour la machine *Versailles* une économie de 8 à 11 pour 100 suivant les pressions, les vitesses et les vaporisations.

En joignant à ces avantages ceux d'une économie de vapeur due à la détente, l'avance du tiroir fait gagner 25 à 35 pour 100.

La force de traction de la machine pour la même pression de vapeur dans le cylindre est augmentée par l'avance du tiroir, parceque la résistance de la vapeur à la sortie, quand il n'y a pas d'avance, est plus considérable que la diminution de travail de la vapeur causée par la détente. C'est ce qui fait que l'économie qui, par la détente aux 4/5 de la course, ne devrait être que de 1/5 au plus s'élève à 1/4 et même à 1/3.

Si l'on compare les machines entre elles, on trouve que la résistance à l'échappement, par la lumière, est d'autant plus grande et se perpétue pendant un temps d'autant plus long que la lumière est moins large et que la course du tiroir est plus faible. C'est encore une des raisons pour lesquelles nous avons dit que l'application de l'avance est plus nécessaire pour les machines qui ont de faibles entrées de vapeur que pour les autres.

Quant aux avantages dus au recouvrement combiné avec l'avance, ou, en un mot, à la détente, ils sont sensiblement les mêmes pour toutes les machines.

La nécessité reconnue d'une grande avance pour toutes les machines entraîne forcément l'usage de quatre excentriques. Les machines à deux excentriques doivent être rejetées parcequ'en les laissant dans les conditions ordinaires les positions des deux lignes d'axe des barres d'excentrique pour la marche en avant et pour la marche en arrière ne font qu'un angle de 8 à 10. Il en résulte que si l'on donne 25° d'avance pour la marche en avant, on a 10° de retard pour la marche en arrière ; sinon il faut raccourcir les barres d'excentrique et allonger les leviers de communication de mouvement aux tiroirs de manière à ce que l'angle soit de 25°, alors on n'a pas de retard. Si l'on veut avoir la même avance pour les deux marches, l'angle formé par les deux positions de la barre doit être de 50°, ce qui est impossible et ce qui entraînerait d'ailleurs de grandes irrégularités par suite du jeu des ressorts. Il est donc bien plus convenable d'appliquer les quatre excentriques de manière à régler l'avance à volonté. La position des excentriques dans le cas d'une avance de 25° est assez singulière, nous l'indiquons dans la figure ci-jointe.

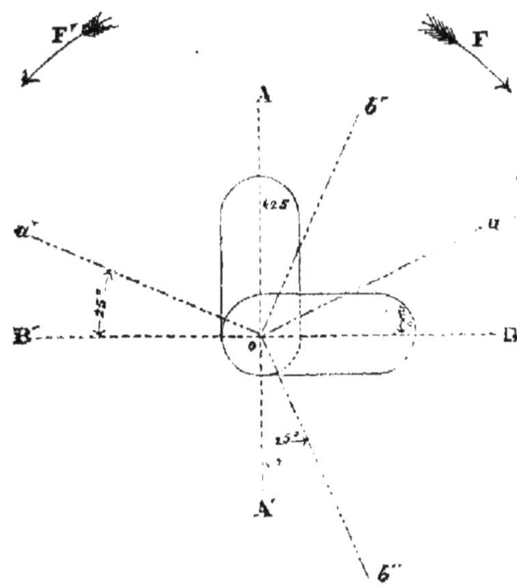

a' et b' sont les excentriques de la marche en avant F, a'' et b'' ceux de la marche en arrière F'; au lieu d'être à angle droit avec les manivelles, les excentriques ne forment que des angles de 65°. Ainsi, les angles Aoa'' Bob

Bob' Aoa' sont égaux à 65°, de même que les angles Aob' Boa" A'ob"'B'oa, sont égaux à 25°.

Les calculs que nous venons d'exposer sur l'avance du tiroir, peuvent être contestés. Rien ne prouve, dira-t-on, que les formules sur lesquelles nous nous basons pour les vitesses, soient exactes. D'un autre côté on peut objecter que nous avons supposé à tort qu'il n'y a pas de pression dans le tuyau d'échappement.

Il est facile de répondre à ces deux objections, qui se présentent naturellement.

Les formules qui nous ont servi à la détermination des vitesses s'appuient sur les lois de la pesanteur : les chiffres qu'elles donnent sont donc des maximum et s'il y a une correction à faire, ce ne sera qu'en diminution de ces vitesses. La conséquence d'une diminution de vitesse serait la prolongation de la pression contre le piston, de la vapeur qui doit s'échapper et par suite, une perte de force plus considérable : l'avance du tiroir serait nécessaire *à fortiori*. Les résistances que nous avons calculées, bien que très considérables, sont donc des minimum ; et comme, si on les augmentait beaucoup, la marche du piston serait tellement entravée qu'il ne remplirait plus le travail qu'il effectue réellement, il en résulte que l'expérience donne ici la confirmation des formules sur l'écoulement de la vapeur.

La seconde objection porte ensuite sur ce que la pression dans le tuyau d'échappement est plus grande que la pression atmosphérique ; que cette pression moyenne, comme nous le verrons tout-à-l'heure est même considérable ; qu'ensuite c'est justement au moment où la vapeur se dégage du cylindre qu'elle est le plus élevée, parceque la vapeur arrive en masse. La conséquence de ces faits, c'est que la vapeur ayant plus de peine à se dégager oppose à la marche du piston un plus grand obstacle, que nous ne l'avions supposé, et rend encore l'avance du tiroir plus nécessaire.

Les calculs, en tenant compte du tuyau d'échappement, deviendraient si compliqués, que nous ne les avons pas faits ; ils nous semblent même inutiles, car cette pression nuisible ne ferait qu'augmenter les résistances qui existent déjà, et par conséquent rendre les effets de l'avance plus convenables, puisque d'un côté elle diminuerait l'effet utile de la vapeur, et augmenterait la contre-vapeur sur le piston.

Nous étudierons séparément la pression de la vapeur produite par le rétrécissement du tuyau d'échappement à son extrémité.

SECTION III. — DU TUYAU D'ÉCHAPPEMENT ET DE LA PRESSION MOYENNE QU'IL MAINTIENT CONTRE LE PISTON.

Les dimensions des tuyaux d'échappement des machines locomotives, présentent de grandes anomalies. Quelques-uns ont un très grand orifice, pour une surface de chauffe assez faible, d'autres au contraire ont des orifices réduits pour de grandes surfaces de chauffe.

Il devrait cependant y avoir quelques règles générales. En principe, un tuyau d'échappement rétréci donne un tirage plus énergique, et produit par conséquent une plus grande quantité de vapeur en excitant la combustion du coke dans le foyer : mais il doit par suite maintenir une pression notable contre le piston.

Le calcul de la pression qui existe dans le tuyau d'échappement présente de nombreuses difficultés.

Cette pression dépend de la quantité de vapeur consommée, de sa tension et de la vitesse de marche; elle est essentiellement irrégulière pendant chaque quart de révolution, et conserve ensuite un mouvement périodique.

Calculer *à priori* la pression dans le tuyau d'échappement était donc un problème très compliqué ; sans vouloir le résoudre immédiatement, nous avons cependant cherché à déterminer des espèces de proportionnelles à ce qui doit exister. Nous avons donc supposé qu'il y a un écoulement constant de la vapeur par le tuyau d'échappement, et nous avons déterminé sa vitesse d'écoulement et la pression correspondante pour certaines consommations de vapeur.

En supposant dans le tuyau d'échappement une pression constante, on doit admettre que la vapeur occupe le volume déterminé par cette tension.

Ainsi se donnant la consommation de vapeur par $1''$ en poids, on détermine le volume de la vapeur par $1''$ à la pression moyenne dans le tuyau d'échappement. Ce volume ainsi obtenu, doit s'écouler par le tuyau d'échappement dont la section est connue. La vitesse que l'on en déduit en tenant compte de la contraction de la veine correspond à une pression génératrice qui doit être exactement la même que celle que l'on a supposée.

Nous nous appuierons toujours sur ce fait, que toute vitesse d'écoulement a sa pression génératrice et réciproquement; qu'il y a enfin une loi qui les réunit et qui du reste est représentée dans le tableau page 3.

On peut déterminer ainsi pour chaque centième d'atmosphère la vitesse d'écoulement correspondante.

Le coefficient de contraction a été pris égal à 0,90, le tuyau étant conique et présentant toujours à la partie inférieure quelques coudes et contours.

Le volume de la vapeur est obtenu immédiatement par le poids de la vapeur dépensée, divisé par le poids du mètre cube de la vapeur à la même pression. En agissant ainsi on admet que la vapeur à une haute pression qui se détend se refroidit en même temps et passe par les températures normales des pressions correspondantes de la vapeur en contact avec l'eau.

Ainsi, par exemple, on suppose que la vapeur à 5 atm. qui pèse 2 k. 682 en

... détendant à la pression atmosphérique n'occupera pas un espace cinq fois plus grand, mais que sa température qui était d'abord de 153° se sera abaissée à 100°, et que ce volume sera tel qu'il correspondra à la densité 1.100, soit, à o, k. 5888 par mètre cube. Le volume qui était un mètre cube d'abord, deviendra à la pression atmosphérique $\dfrac{2,682}{0,5882} = 4,366$ m. c. au lieu de 5 m. c..

Cet abaissement de température de la vapeur qui se détend est parfaitement logique ; il est même évident pour ceux qui admettent (et c'est la grande majorité en France) qu'un kilogramme de vapeur ne contient que la même quantité de chaleur, quelles que soient sa pression et sa température, pourvu que la vapeur soit saturée, c'est-à-dire, en présence de l'eau.

Nous insistons sur ce fait parceque le volume moyen, qui doit passer par le tuyau d'échappement, varierait sans cela avec les pressions initiales, et en supposant que les volumes augmentent en raison inverse des tensions initiales de vapeur.

Le tableau suivant fera ressortir, du reste, la différence qu'il y aurait entre les calculs.

TABLEAU 17.

Donnant la comparaison des volumes de vapeur dans les deux hypothèses de l'égalité de température et des densités variables.

TENSIONS ABSOLUES en atmosphères.	VOLUME du kilogramme DE VAPEUR à la pression indiquée et à sa température réelle.	VOLUME du kilogramme de VAPEUR détendue A LA PRESSION ATMOSPHÉRIQUE		AUGMENTATION DE VOLUME	
		en supposant LA TEMPÉRATURE constante.	d'après la DENSITÉ DE LA VAPEUR.	si la TEMPÉRATURE est constante.	d'après les DENSITÉS.
	m. c.	m. c.	m. c.		
5 00	0.38938	1.94690	1.70000	5.000	4.366
4.50	0.42836	1.92762	1.70000	4.500	3.969
4.00	0.47705	1.90820	1.70000	4.000	3.563
3.50	0.53910	1.88635	1.70000	3.500	3.153
3.00	0.62074	1.86222	1.70000	3.000	2.739
2.50	0.73345	1.83362	1.70000	2.500	2.318
2.00	0.89991	1.79982	1.70000	2.000	1.889
1.50	1.17159	1.75739	1.70000	1.500	1.451
1.00	1.70000	1.70000	1.70000	1.000	1.000

Si l'on admet que la température reste constante, les volumes de vapeur augmentent avec les tensions; de sorte que le même poids de vapeur employé aux tensions de 3 et de 2 atmosphères prendra pour arriver à la pression atmosphérique des volumes qui seront dans le rapport de 1,9469 à 1,7998.

En appliquant donc la première méthode au calcul du volume de la vapeur qui passe dans les tuyaux d'échappement, on a une vitesse plus grande si l'on part d'une forte tension initiale, et cette vitesse est moindre quand la tension est plus faible. En sorte qu'il en résulte qu'aux grandes pressions, quand la machine va moins vite, la résistance dans le tuyau d'échappement est plus grande et cela pour la même dépense de vapeur.

En admettant au contraire, comme nous le faisons, que de la vapeur détendue à une certaine tension a la même densité et la même température que la même vapeur en présence de l'eau et à la même tension, nous aurons un volume constant, quand un même poids de vapeur sera dépensé, quelle que soit la tension initiale de la vapeur.

Le grand avantage de ce calcul ainsi réduit, c'est qu'il n'y a plus à s'inquiéter de la vitesse de la machine; il suffit d'avoir la consommation de vapeur par seconde.

Cette consommation de vapeur suppose d'ailleurs une certaine pression initiale et une certaine vitesse de piston, et par conséquent une vitesse de marche capable de l'absorber.

Pour calculer cette espèce de pression moyenne, *qui est un minimum constant*, il suffit de partir de la consommation de vapeur.

Le poids de vapeur à consommer en moyenne par heure est transformé facilement en volume de vapeur à la tension atmosphérique qui doit s'écouler par 1″. Le volume réellement écoulé est à une pression supérieure qui n'est pas tout-à-fait proportionnelle aux pressions elles-mêmes. Nous avons tenu compte de ces différences causées par les températures en recherchant les densités de la vapeur aux diverses pressions, et nous les donnons dans le tableau résumé suivant qui facilitera la suite de nos calculs.

TABLEAU 18.

Indiquant les densités de la vapeur à diverses tensions, la densité de la vapeur
à la pression atmosphérique et à 100° étant 1.

Tensions absolues de la vapeur.	Densités de la vapeur.	Tensions absolues de la vapeur.	Densités de la vapeur.	Tensions absolues de la vapeur.	Densités de la vapeur.	Tensions absolues de la vapeur.	Densités de la vapeur.
at.		at.		at.		at.	
1.	1.000						
1.05	1.046	1.65	1.584	2.25	2.102	2.85	2.612
1.10	1.091	1.70	1.628	2.30	2.145	2.90	2.655
1.15	1.137	1.75	1.672	2.35	2.188	2.95	2.697
1.20	1.182	1.80	1.715	2.40	2.232	3.00	2.739
1.25	1.228	1.85	1.759	2.45	2.275	3.25	2.947
1.30	1.273	1.90	1.802	2.50	2.318	3.50	3.153
1.35	1.317	1.95	1.845	2.55	2.360	3.75	3.359
1.40	1.362	2.00	1.889	2.60	2.402	4.00	3.563
1.45	1.406	2.05	1.932	2.65	2.444	4.25	3.769
1.50	1.451	2.10	1.974	2.70	2.486	4.50	3.969
1.55	1.495	2.15	2.017	2.75	2.528	4.75	4.167
1.60	1.539	2.20	2.059	2.80	2.570	5.00	4.366

La densité de la vapeur étant ainsi connue, il suffit de diviser par elle le volume de vapeur à la pression atmosphérique pour avoir le volume cherché à la pression moyenne; les vitesses correspondantes à ces diverses pressions moyennes sont contenues dans le tableau (page 3).

Ces trois résultats de pression moyenne, volume écoulé et vitesse d'écoulement, se tiennent les uns aux autres; et ce n'est qu'après un certain tâtonnement que l'on arrive aux chiffres qui concordent ensemble, et que l'on peut tirer des conclusions.

Nous donnons dans le tableau suivant les résultats de ces calculs appliqués à seize machines des chemins de fer de Saint-Germain et de Versailles, et indiquant en même temps le travail employé au tirage.

TABLEAU 19. — Indiquant pour 16 machines locomotives des chemins de fer de Saint-Germain et de Versailles la pression moyenne effective de la vapeur dans le tuyau d'échappement, calculée pour une quantité de vapeur employée de 120 kil. par heure et par mètre carré de chauffe réduite.

DÉSIGNATION DES MACHINES.	SURFACE DE CHAUFFE RÉDUITE [1].	VAPORISATION de 120 k. par heure et par m. q. de chauffe réduite.		ORIFICE D'ÉCHAPPEMENT.			CALCUL des pressions, volumes et vitesses moyennes dans le tuyau d'échappement.				TRAVAIL DE LA VAPEUR employée au tirage calculé par les vitesses d'écoulement.	
		POIDS DE L'EAU évaporée par heure	VOLUME à la pression atm. de la vapeur produite par seconde [2]	DIAMÈTRE SUPÉRIEUR du tuyau d'échappement.	SURFACE RÉELLE en centimètres carrés.	SURFACE RÉDUITE par le coefficient 0,90.	PRESSION MOYENNE EFFECTIVE	VOLUME de la vapeur à cette press. moy. par 1".	vitesse de la vap. par 1" par l'orifice, corresp. égalem. à la press. général. moy.		kilogrammètres	chevaux.
	m. q.	kil.	m. c.	mil.			atm.	m. c.	mètres.			
Denys Papin.	10.71	1293	0.6105	50	19.63	17.70	0.28	0.487	275		1364	18
Bury..	13.07	1567	0.7399	56	21.63	22.20	0.26	0.593	267		1542	20
Tayleur.	14.88	1787	0.8437	58	26.42	23.80	0.29	0.668	281		1937	26
Etna.	16.88	2027	0.9570	66	34.21	30.80	0.23	0.791	256		1819	24
Jean Bart.	14.21	1787	0.8437	55	23.76	21.40	0.34	0.645	301		2193	29
Stephenson.	16.19	1947	0.9192	69	37.39	23.70	0.18	0.790	234		1422	19
Atlas.	17.22	2067	0.9759	70	38.48	34.70	0.19	0.832	240		1581	21
Alsace.	18.26	2193	1.0354	66	34.21	30.80	0.26	0.837	271		2176	29
Gauloise	19.33	2320	1.0954	56	24.63	22.20	0.49	0.760	342		3724	49
Bucéphale.	19.78	2373	1.1204	76	45.36	40.80	0.18	0.961	235		1730	23
Creusot.	20.56	2467	1.1648	70	38.48	34.60	0.26	0.942	272		2449	32
Alcide.	20.93	2507	1.1837	66	34.21	30.80	0.33	0.910	225		3003	40
Vesta	21.27	2554	1.2059	63	31.17	28.10	0.39	0.891	317		3475	46
Schneider fr.(Exposition)	21.63	2596	1.2257	74	43.00	38.70	0.24	1.005	260		2412	32
Versailles.	22.90	2747	1.2969	78	47.78	43.00	0.22	1.079	251		2074	27
Vésuve.	23.16	2779	1.3121	70	38.48	34.60	0.32	1.017	294		3254	43

[1] Extrait du Tableau B.
[2] Ce sont les chiffres de la seconde colonne divisés par 3600 et multipliés par 1,700, m. c. volume d'un kil. de vapeur à la pression atmosphérique.

Les premières colonnes du tableau précédent n'ont pas besoin d'explication, elles renferment des dimensions et des surfaces déterminées.

Les huitième, neuvième et dixième colonnes qui indiquent les pressions moyennes, volumes écoulés et vitesses d'écoulement, doivent concorder ensemble ainsi qu'avec les chiffres contenus dans le tableau et dans celui de la page 3.

Prenons pour exemple la machine *la Versailles*, dont la vaporisation par 1" est de 1 m. 2969 de vapeur réduite à la pression atmosphérique.

En supposant la pression *effective* dans le tuyau d'échappement de 0 at. 22, (1) la densité de la vapeur à 1 atm. 22 étant de 1,201 (intercalaire du tableau 18), le volume de la vapeur deviendra $\dfrac{1,2969}{1,201} = $ 1 m. 079.

La section d'écoulement réduite par le coefficient de contraction est de 43 cq. La vitesse d'écoulement serait de $\dfrac{1\ \text{m. c. }079}{0,0043} = $ 251 m.

Or la vitesse d'écoulement de la vapeur à la pression effective 0,22 dans l'atmosphère est en effet de 251 m. (intercalaire du tableau page 3).

Tous les autres calculs sont analogues.

Le travail moyen que la vitesse fournira en s'échappant pour produire le tirage dans la cheminée est donné dans les onzième et douzième colonnes. Il est calculé d'après la force vive de la vapeur et est égal à la moitié de cette force vive : ainsi en appelant T le travail par 1" en kilogrammètres on a $T = \frac{1}{2} M V^2$; M est la masse du corps en mouvement, c'est-à-dire le poids de ce corps divisé par la gravité qui est de 9,81 (nous avons supposé 10.)

D'où $M = \dfrac{P}{10}$, V est la vitesse indiquée au tableau, dixième colonne.

En analysant les chiffres contenus dans ce tableau, nous trouvons que les pressions moyennes ainsi calculées pour une vaporisation de 120 kil. par mètre carré de surface de chauffe réduite et par heure varient de 0 atm. 18 à 0 atm. 49, que les vitesses moyennes d'écoulement correspondantes sont de 134 m. à 342 m. par 1", et que le travail restant à la vapeur serait encore de 18 à 50 chevaux.

D'énormes différences existent dans les diverses pressions et vitesses. Elles existent pour le même constructeur : ainsi *Stephenson* n° 1 a un tuyau de 69 millimètres de diamètre, tandis que *Vesta*, du même constructeur et ayant une surface de chauffe de 1/3 plus grande, n'a qu'un diamètre de 63 millimètres : il y a là une anomalie frappante.

(1) Hypothèse d'ailleurs purement gratuite et qui ne sera reconnue vraie qu'autant que la vitesse à laquelle nous arriverons permettra l'écoulement de la totalité de la vapeur formée.

Le travail que la vapeur conserve en s'échappant est encore très grand, puisqu'il s'élève jusqu'à 49 chevaux ; mais ce travail n'est pas enlevé complétement à la machine, ou du moins ne lui est pas nuisible pour la totalité. La partie qui s'oppose au mouvement est représentée par la pression moyenne, et est d'autant plus grande proportionnellement que la pression effective est plus faible ; ainsi quand la tension sur le piston est de 5 atmosphères, et que la pression contraire est de 1,22, il y a beaucoup moins de perte que quand dans une marche rapide la pression n'est que de 3 atmosphères. Dans le premier cas la perte sera de $^{22}/_{400}$ ou $^1/_{19}$ du travail théorique ; dans l'autre elle sera les $^{22}/_{200} = ^1/_9$ de ce travail.

Les pressions moyennes ainsi calculées représentent-elles exactement les pressions véritables, c'est ce que nous examinerons tout-à-l'heure. Mais quels que soient les résultats, les chiffres de ce tableau sont des points de départ. Nous continuerons donc à les considérer comme exacts.

La consommation de vapeur n'est pas constante. La vaporisation de 120 kil. qui a été observée en moyenne sur le chemin de fer de Liverpool a été depuis beaucoup dépassée : elle s'est élevée à 160 et 200 kil. par mètre carré de surface de chauffe réduite et par heure.

Il arrive ensuite que dans quelques circonstances cette production de vapeur, ou du moins la quantité qu'on lance dans la cheminée, diminue beaucoup. Il importe donc d'étudier ce qui en résulte pour le tuyau d'échappement.

Nous donnons dans le tableau 20 les résultats de ce calcul pour des vaporisations de 30, 120 et 200 kil. par mètre carré de surface de chauffe réduite et par heure.

TABLEAU 20. — Indiquant les pressions moyennes effectives et les vitesses moyennes d'écoulement par le tuyau d'échappement de quelques machines des chemins de fer de Saint-Germain et de Versailles, en supposant que la production de vapeur ou que la quantité qui passe par les cylindres soit de 30, 120 et 200 kilo. par mètre quarré de surface de chauffe réduite et par heure.

NOMS DES CONSTRUCTEURS.	NOMS DES MACHINES	DIAMÈTRE du tuyau d'échappement EN MILLIMÈTRES.	SURFACE de chauffe réduite.	Quantité de vapeur écoulée par 1″ A LA PRESSION ATMOSPHÉRIQUE pour une PRODUCTION DE VAPEUR PAR MÈTRE Q. ET PAR HEURE (en kilogrammes) de			Pression moyenne effective EN ATMOSPHÈRES DANS LE TUYAU D'ÉCHAPPEMENT calculée POUR UNE VAPORISATION DE			V.tesse moy. d'écoulement par LE TUYAU D'ÉCHAPPEMENT pour une VAPORISATION DE		
				30	120	200	30	120	200	30	120	200
			m. q.	m. c.	m. c.	m. c.	at.	at.	at.	m.	m.	m.
Stephenson.	Stephenson..	69	16.19	0.2298	0.9192	1.5320	0.02	0.18	0.47	68	234	327
	Vesta......	63	21.27	0.3015	1.2059	2.0092	0.03	0.39	0.85	103	317	407
Sharp et Roberts.	Atlas......	70	17.22	0.2440	0.9759	1.6265	0.02	0.19	0.45	69	240	332
	Vésuve.....	70	23.16	0.3280	1.3121	2.1681	0.02	0.32	0.70	90	294	385
Jackson.	Denys Papin.	50	10.71	0.1526	0.6105	1.0175	0.02	0.28	0.61	80	275	371
	Versailles...	78	22.90	0.3252	1.2969	2.1615	0.02	0.22	0.51	74	251	346
Cavé.	Gauloise....	54	19.33	0.2738	0.0954	1.8267	0.04	0 49	1.03	118	342	431
Stehelin.	Alcide......	66	20.93	0.2959	1.1837	1.9729	0.03	0 33	0.72	93	295	389
Schneider.	Creusot.....	70	20.56	0.2912	1.1668	1.9414	0.02	0.26	0.58	83	272	364
	Exposition...	74	21.63	0.3064	1.2157	2.0429	0.02	0.24	0.56	78	260	352

Les pressions effectives varient; elles augmentent dans une proportion beaucoup plus grande que la production de vapeur, s'élèvent très haut quand celle-ci devient considérable et atteint le chiffre de 200 kil. par mètre carré et par heure.

Quand au contraire on dépense peu de vapeur, il n'y a que peu de tirage; et on a de la peine à entretenir le feu. Ainsi, d'un côté, un tirage fort énergique qui entrave la marche de la machine en maintenant une forte pression dans le tuyau d'échappement; de l'autre, un tirage insuffisant quand la consommation de vapeur est faible.

Ces résultats indiquent un perfectionnement qui manque aux machines : celui de rendre variable l'orifice du tuyau d'échappement.

Après avoir étudié ces résistances à l'échappement sous un point de vue général, il est nécessaire de corroborer les résultats obtenus de deux manières :

1º En analysant ces résistances pendant chaque quart de roue, et tenant compte des vitesses de marche.

2º En faisant des expériences directes par l'application d'un manomètre aux tuyaux d'échappement.

Les considérations suivantes sont destinées à offrir des chiffres de vérification et fourniront la preuve que quoique les résultats auxquels nous sommes arrivés pour les résistances du tuyau d'échappement soient considérables, elles sont cependant au-dessous de la réalité.

La méthode de calcul est assez difficile; nous avons supposé d'abord que la vapeur de chacun des cylindres devait s'écouler immédiatement, nous avons déterminé par arcs de 5º le volume de vapeur qui doit s'écouler, et nous en avons tiré les pressions moyennes effectives, les vitesses et le travail que renferme la vapeur pendant chacun de ces élémens.

Le volume de vapeur qui s'échappe provient de la marche de chacun des pistons, et, de plus, de la vapeur qui se détend pendant les premiers arcs de l'ouverture de la lumière de sortie.

Les chiffres de ce tableau sont extraits d'une série de calculs faits pour diverses hypothèses de tension et de vitesse de marche; comme ils s'appliquent à la même production de vapeur, chacune des quatre tensions de vapeur correspond à une vitesse de marche différente.

TABLEAU 21.

Indiquant les pressions effectives, la vitesse d'écoulement et le travail de la vapeur dans le tuyau d'échappement de la machine Versailles pour quatre tensions de vapeur différentes, et aux vitesses de marche correspondantes, de manière à ce que la consommation de vapeur soit d'environ 120 kilo. par m q. de chauffe réduite et par heure.

ANGLES EN DEGRÉS.	Tension absolue de la vapeur. 5 at. — Vitesse de marche en lieues.... 9 — Vaporisation effective..... 121 k. — Nombre d'arcs de 5° par 1"... 133 — Temps de la demi-course..... 0".135			Tension absolue de la vapeur. 4 at. — Vitesse de marche en lieues.... 11 — Vaporisation effective..... 120 k. — Nombre d'arcs de 5° par 1"... 168 — Temps de la demi-course..... 0".110			Tension absolue de la vapeur. 3 at. — Vitesse de marche en lieues.... 14 — Vaporisation effective..... 122 k. — Nombre d'arcs de 5° par 1"... 207 — Temps de la demi-course..... 0".087			Tension absolue de la vapeur. 2 at. — Vitesse de marche en lieues.... 20 — Vaporisation effective..... 124 k. — Nombre d'arcs de 5° par 1"... 296 — Temps de la demi-course..... 0".064		
	PRESSION MOYENNE EFFECTIVE dans le tuyau.	VITESSE D'ÉCOULEMENT par 1".	TRAVAIL DÛ À LA VITESSE D'ÉCOULEMENT en kilogrammètres.	PRESSION MOYENNE EFFECTIVE dans le tuyau.	VITESSE D'ÉCOULEMENT par 1".	TRAVAIL DÛ À LA VITESSE D'ÉCOULEMENT en kilogrammètres.	PRESSION MOYENNE EFFECTIVE dans le tuyau.	VITESSE D'ÉCOULEMENT par 1".	TRAVAIL DÛ À LA VITESSE D'ÉCOULEMENT en kilogrammètres.	PRESSION MOYENNE EFFECTIVE dans le tuyau.	VITESSE D'ÉCOULEMENT par 1".	TRAVAIL DÛ À LA VITESSE D'ÉCOULEMENT en kilogrammètres.
	at.	m.	k.	at.	m.	k.	at.	m.	k.	at.	m.	k.
5	0.0	156	0.384	0.07	149	3.907	0.06	142	1.845	0.07	151	1.56
10	0.3	297	32.465	0.27	270	19.027	0.19	236	9.415	0.15	214	4.79
15	0.61	370	74.679	0.50	343	45.468	0.36	305	22.971	0.25	266	9.91
20	0.78	399	102.604	0.67	380	64.157	0.50	341	35.173	0.35	300	15.12
25	0.82	404	108.691	0.74	392	77.823	0.56	360	42.898	0.41	322	19.23
30	0.70	385	88.191	0.67	381	71.103	0.57	360	43.092	0.42	325	20.17
35	0.58	363	69.190	0.60	366	60.998	0.55	355	40.761	0.43	328	22.04
40	0.44	316	46.420	0.47	336	45.942	0.48	337	33.443	0.50	343	24.92
45	0.26	268	19.442	0.30	285	23.945	0.37	311	14.567	0.37	307	16.25
50	0.025	199	8.275	0.18	231	11.226	0.27	372	15.355	0.34	299	11.93
55	0.015	73	0.378	0.05	126	1.606	0.18	238	8.450	0.24	262	9.37
60	0.015	72	0.360	0.02	88	0.534	0.03	110	0.847	0.16	218	5.06
65	0.015	70	0.333	0.02	86	0.503	0.03	109	0.808	0.07	150	1.53
70	0.015	68	0.305	0.02	83	0.454	0.03	105	0.727	0.06	147	1.43
75	0.012	66	0.275	0.02	80	0.403	0.03	101	0.648	0.06	141	1.36
80	0.011	62	0.280	0.02	76	0.347	0.03	96	0.543	0.05	134	1.08
85	0.010	59	0.198	0.01	72	0.293	0.02	91	0.482	0.05	127	0.92
90	0.010	55	0.158	0.01	67	0.225	0.02	84	0.371	0.05	118	0.73
MOYENNE.	0.284	204		0.257	211		0.237	218		0.224	231	
TOTAUX............			552.178			426.967			282.388			170.41
TRAVAIL PAR 1"...			4090 k.			3876 k.			3257 k.			2793 k.
NOMBRE DE CHEVAUX.			54 ch.			51 ch.			43 k.			37 ch.

Nous croyons devoir faire suivre ce tableau d'un exemple numérique, pour donner l'explication de quelques-uns des chiffres qu'il contient.

Supposons une tension absolue de quatre atmosphères, et une vitesse de onze lieues à l'heure, et cherchons la pression moyenne effective, la vitesse d'écoulement et le travail pendant un arc de 5°, de 30° à 35° par exemple.

La quantité de vapeur fournie par les pistons en marche est donnée par le tableau 4 (troisième colonne), et l'on a :

$$
\begin{array}{llr}
\text{1}^{\text{er}} \text{ cylindre à } & 35^{\circ} & 0,92340 \\
\text{2}^{\text{e}} \text{ cylindre à } & 125^{\circ} & 1,44495
\end{array}
\Big\} \ 2,36835 \text{ d. c.}
$$

La quantité de vapeur qui se détend par la lumière de sortie est donnée dans la colonne 14° du tableau 10. Elle est dans le passage de 30° à 35° de 6 d. c. 972 à la tension de 1 atm. 94 : en le réduisant à la pression atmosphérique, le volume devient 12 d. c. 836. Le volume total écoulé pendant cet arc de 5° sera donc (en réduisant à la tension atmosphérique) :

1° pour le volume déterminé par les deux cylindres de   2 d. c. 368

2° pour le volume de vapeur qui s'échappe en se détendant de   12 d. c. 835

$$\overline{\hspace{3cm}}$$

Total   15 d. c. 203

Or la surface réduite du tuyau d'échappement est de 43 centim. carrés.

Le nombre d'arcs de 5° par seconde est 168. Pour obtenir immédiatement les vitesses de passage en mètres par 1″, il convient de diviser la surface du tuyau d'échappement par le nombre d'arcs, ou par 168 ; ce qui la réduit à 0, décim. 00254. Les 15 décim. 203 de vapeur doivent passer par cet orifice ; évidemment il y a une pression assez considérable : en la supposant de 1 atmosph. 60, ou de 0 atmosph. 60 effective, le volume se réduit à $\dfrac{15,203}{1,536} = 9,378$. — 1,536 étant la densité de la vapeur à cette pression (Voir tableau 18).

La vitesse de passage sera de $\dfrac{9,378}{0,00264} = 3660$ décim., ou 366 m. ; ce qui correspond sensiblement (voir le tableau page 3) à la pression génératrice 0,60 que nous avons supposée. Ainsi s'obtiennent les deux chiffres des cinquième et sixième colonnes correspondant à l'angle de 35°. Le travail pour chaque fraction écoulée est obtenu par la *moitié de la force vive*, ou la moitié du poids de la vapeur multiplié par le carré de sa vitesse et divisé par sa gravité. Ainsi, dans ce cas particulier, le poids de la vapeur est de 15 d. c. 203 ✕ 0, k. 0005882 = 0, k. 00894.

Le travail sera alors de $\dfrac{0,00894}{2} \times \dfrac{366 + 366}{9,81} = 60.998$ kilogrammètres

C'est ainsi que les chiffres pour les divers angles et les diverses pressions ont été obtenus.

Les moyennes obtenues pour les quatre vitesses sont loin de s'accorder avec celles que nous avons calculées d'une manière générale pour la machine *Versailles* dans le tableau 19.

Les pressions moyennes sont toutes plus fortes que celles que nous avons calculées, et d'autant plus que la tension initiale de la vapeur est plus grande.

Les vitesses moyennes, au contraire, sont toujours plus faibles, et d'autant plus que les tensions initiales sont plus grandes.

Enfin le travail de la vapeur qui s'écoule dépasse énormément les calculs moyens, et augmente dans une forte proportion avec les tensions de vapeur.

Il y a lieu de conclure des différences qui existent entre les résultats des tableaux 19 et 21, c'est-à-dire en prenant pour base l'écoulement moyen ou l'écoulement calculé par arc de 5°, que les calculs que nous avons faits d'abord sont des minimum qui deviendraient exacts pour une vitesse de marche tellement rapide que la pression sur le piston fût égale à celle dans le tuyau d'échappement, la machine étant supposée poussée par une autre ou continuant son mouvement par inertie. Dans tout autre cas, les pressions moyennes réelles doivent être plus considérables; et les calculs primitifs ne doivent être considérés que comme des minimum. Ils étaient déjà fort élevés; on peut apprécier ainsi quelle est l'importance de l'obstacle résultant du tuyau d'échappement.

D'après l'inspection du dernier tableau, il paraîtrait au premier coup d'œil que la pression dans le tuyau d'échappement augmente avec la tension de la vapeur, et que, pour la même consommation, elle varie en raison inverse de la vitesse; qu'ainsi elle diminue à mesure que la vitesse augmente pour une consommation de vapeur constante.

La diminution de la pression moyenne est du reste peu sensible, mais une cause qui doit agir puissamment sur le tirage et qui rend à la vitesse toute son influence c'est la continuité du jet et la fréquence des échappemens.

On ne peut se dissimuler en effet que le tirage n'est produit que par un écoulement rapide de vapeur, et que par conséquent il n'a lieu que pendant que la vapeur s'échappe du cylindre au moment de l'ouverture; si nous partons d'une vitesse de 200 m. comme minimum nécessaire pour le tirage, et si nous tenons compte du nombre d'arcs pendant lequel elle est plus petite, on arrive au tableau suivant.

TABLEAU 22.

Indiquant les variations de vitesses pendant le passage des différents arcs aux diverses pressions.

	PRESSIONS EN ATMOSPHÈRES.			
	5	4	3	2
Nombre d'arcs pendant lesquels la vitesse dépasse 200 mètres par 1 ''...	8	9	10	11
Nombre d'arcs pendant lesquels elle est au-dessous.....................	10	9	8	7
Vitesse minimum d'écoulement........	55	67	84	118
Vitesse moyenne.................	204	211	218	231
Vitesse maximum..................	404	392	360	343
Temps pendant lequel la vitesse est moindre que 200 mètres..........	0''075	0''055	0''039	0''024
Id. en fraction de secondes.........	$^1/_{13}$	$^1/_{18}$	$^1/_{26}$	$^1/_{42}$

Le temps pendant lequel la vitesse est moindre que 200 m., peut être considéré comme l'intervalle entre les coups de tirage, on remarque qu'il est beaucoup plus considérable pour les plus fortes tensions et les petites vitesses de marche que pour les faibles tensions et les grandes vitesses.

Il y a dans cette augmentation de durée de l'échappement un moyen énergique de tirage qui explique comment à de grandes vitesses on doit produire beaucoup plus de vapeur.

Cette augmentation dans la production de vapeur augmente naturellement aussi la force de tirage. On comprend alors que la pression dans le tuyau d'échappement devient si considérable qu'elle assigne une limite à la vitesse de marche de la machine, quoique la vaporisation prenne un grand développement.

La résistance que les pistons éprouvent est sensiblement représentée par la pression moyenne; car il n'y a aucun doute que la pression la plus forte qui existe au moment de l'échappement de la vapeur de l'un des pistons se reporte sur l'autre, qui, à ce moment, est au milieu de la course.

La combinaison des deux manivelles à angle droit permet de supposer la pression moyenne appliquée contre les deux pistons. Le travail absorbé est donc considérable.

La forme des tuyaux d'échappement doit influer enfin sur le tirage ; sous ce rapport ils peuvent se ranger en trois catégories :

1° Les tuyaux presque cylindriques dans lesquel la vapeur a une très-forte pression ; ils ne réussissent pas bien et maintiennent sur l'autre piston une pression considérable.

2° Le tuyau conique, dont la section inférieure est quatre fois environ celle de l'échappement ; c'est la forme la plus générale et qui donne de bons résultats : elle permet une certaine détente qui admet des différences de pression, toujours en conservant au tirage l'énergie qa'il a dans le premier instant de l'échappement.

3° La troisième forme est extrémement large du bas ; le tuyau d'échappement prend alors une fort grande capacité et est terminé par un orifice plus rétréci : tel est le tuyau d'échappement de la dernière machine de Stephenson, la *Festa*. Cela peut expliquer l'espèce d'anomalie que nous avons précédemment signalée entre deux machines de ce constructeur.

Le grand volume du tuyau d'échappement permet des compressions et des détentes qui amortissent la grande différence de pression, et permet de rétrécir les orifices des tuyaux avec moins d'inconveniens : évidemment, pour ces sortes de tuyaux, les calculs que nous avons faits primitivement se rapprochent davantage de la vérité que pour les autres.

Il ressort de tous les calculs et de toutes les considérations qui précèdent que la pression moyenne qui existe dans le tuyau d'échappement est toujours considérable, surtout pour les machines destinées au service des voyageurs et qui doivent produire beaucoup de vapeur.

Désormais, dans les calculs des machines locomotives, il faudra tenir compte de cette résistance de la vapeur à l'échappement.

Il y a lieu enfin de rechercher les moyens de diminuer cette résistance, tout en conservant au tirage une pression suffisante.

Il eût été nécessaire de contrôler ces calculs par des expériences directes sur la pression dans le tuyau d'échappement de diverses machines déjà citées. On aurait vu ainsi de combien les pressions observées dépassent celles qui sont indiquées par le calcul. Ces expériences sont commencées. Déjà nous avons eu la confirmation de nos calculs, mais elles ne sont pas assez nombreuses ni assez générales pour en tirer des conclusions bien nettes (1).

(1) Le manomètre appliqué sur la machine *la Gauloise* a indiqué parfois une pression de 3 at. 1/2, et 3 1/2, dans une marche de 9 et 10 lieues à l'heure seulement

SECTION IV. — DES CHEMINÉES ET DU TIRAGE, CONDUITS DE FUMÉE, GRILLES, etc.

Dans la section précédente nous avons fait ressortir le travail énorme qui est consacré dans les machines locomotives à produire le tirage; nous rechercherons ici l'emploi de ce travail. Il est intéressant, en effet, de savoir si cette puissance consacrée au tirage est nécessaire, ou si elle est mal appliquée; ou, en d'autres termes, si elle ne représente qu'un effet utile tellement faible qu'il conviendrait mieux de faire usage d'un autre mode d'action.

Dans les générateurs ordinaires de vapeur le tirage a lieu par la seule différence de densité de l'air échauffé qui est lancé dans l'atmosphère au moyen d'une haute cheminée. La différence de poids de la colonne d'air échauffé avec celle de la même colonne d'air froid, constitue la force génératrice qui imprime à l'air un mouvement ascensionnel et qui produit par conséquent un appel suffisant d'air froid sur la grille en maintenant dans les carneaux la vitesse d'écoulement nécessaire. Le travail affecté au tirage est très faible, si on analyse la puissance que renferme l'air ainsi échauffé; et en tous cas il n'absorbe pas de travail à la machine, puisque c'est l'air qui a agi sur le foyer qui forme seul le tirage.

Dans quelques appareils de chauffage de l'eau (pour les bains par exemple), on a cherché à enlever toute sa chaleur à l'air au moyen de parcours suffisans le long de surfaces refroidies; et on a produit le tirage par un moyen mécanique, par un ventilateur. La force nécessaire pour mettre en mouvement le ventilateur était très-faible, d'autant plus que l'air étant refroidi n'avait pas besoin de prendre une aussi grande vitesse que s'il eût été encore échauffé.

Dans les machines locomotives on ne pouvait profiter de la diminution de densité de l'air; ce moyen eût été insuffisant d'abord, et impossible parceque les cheminées ne peuvent avoir qu'une hauteur restreinte.

On a fait usage pendant quelque temps de ventilateurs, mais ils étaient gênans et insuffisans encore.

L'application du jet de vapeur dans la cheminée était le seul moyen simple et qui présentât une grande efficacité. C'est en effet depuis cette époque que l'on a pu produire dans les machines locomotives cette activité énorme de combustion qui a permis d'atteindre de grandes vitesses avec des convois très-considérables.

La puissance de ce moyen de tirage est énorme; nous en avons approximativement donné la mesure dans la section précédente. Ici nous chercherons à apprécier le travail qui est nécessaire à la combustion, et qu'il faut dépenser pour imprimer à la fumée les vitesses convenables.

Le point de départ de la puissance de toute machine locomotive est la surface de chauffe, c'est aussi de là que nous partirons pour contrôler et comparer les dimensions des conduits de fumée et des appareils de tirage.

La consommation de combustible devra être sensiblement proportionnée à la surface de chauffe ; et pour nous mettre d'accord avec nos calculs précédens, pour lesquels nous avons supposé une vaporisation de 120 kil. par mètre carré de chauffe réduite et par heure, nous supposerons que la consommation de combustible par heure, proportionnelle à la surface de chauffe réduite, est de 24 kil. par mètre carré de cette surface, en supposant, ce qui n'est pas loin de la vérité, que chaque kilogramme de coke dans la chaudière tubulaire évapore 5 kil. d'eau. Nous pourrons rechercher également la quantité d'air qui est nécessaire, le volume de cet air à la haute température de la cheminée, le travail qu'il exige pour être mis en mouvement, etc. Mais, ces calculs présentant plusieurs incertitudes, nous commencerons par donner ici les dimensions des cheminées, des sections de fumée et de grille ; et nous chercherons les rapports qui existent avec les surfaces de chauffe réduites, afin que l'on ait un aperçu des habitudes des divers constructeurs : nous nous rendrons compte ainsi des dimensions avant d'entrer dans les calculs.

Nous avons jugé convenable de joindre au tableau les surfaces des tuyaux d'échappement qui font naturellement partie de la cheminée comme appareil de tirage.

TABLEAU 23. — Indiquant pour les machines des chemins de fer de Saint-Germain et de Versaillles (rive droite) les rapports de la surface de chauffe aux surfaces de la cheminée, du tuyau d'échappement, des tubes de fumée, de la grille, et le nombre de kilo. de coke brûlés par décim. carré de surface de grille.

DÉSIGNATION DES MACHINES.	SURFACE de chauffe réduite en mèt. q.	DIAMÈTRES		SURFACES				RAPPORT DE LA SURFACE DE CHAUFF. RÉDUITE, A LA SURFACE				NOMBRE de kilo. de coke à brûler par heure par décim q. DE GRILLE pour une consommation de 24k. par m. q. de chauffe réduite
		de la cheminée en mètres.	du tuyau d'échappem. en millim.	de la cheminée en mèt. q.	du tuyau d'échappem. en décim. q.	section des tubes de fumée en mèt. q.	de la grille en mètres q.	de la cheminée	du tuyau d'échappem.	des tubes de fumée.	de la grille.	
CHEMIN DE SAINT-GER AIN.												
Denys Papin. . . .	10.71	0.340	50	0.0908	0.1963	0.1082	0.653	118	5455	98.9	16.4	3.93
Bury.	13.07	0.340	56	0.0908	0.2463	0.1611	0.659	144	5306	81.2	18.3	4.76
Tayleur.	14.88	0.330	58	0.0855	0.2642	0.1412	0.620	174	5632	105.4	24.0	5.75
Etna.	16.88	0.350	66	0.0962	0.3421	0.1597	0.740	175	4934	105.7	22.8	5.47
CHEMIN DE VERSAILLES.												
Jean Bart.	14.91	0.370	55	0.1075	0.2376	0.1378	0.639	138	6275	108.2	23.3	5.60
Stephenson. . . , .	16.19	0.340	69	0.0908	0.3739	0.1832	1.087	178	4330	88.4	14.8	3.57
Atlas	17.22	0.330	70	0.0855	0.3848	0.1445	0.767	201	4475	111.5	22.4	5.38
Alsace.	18.26	0.350	66	0.0962	0.3421	0.1882	0.854	189	5337	99.1	21.3	5.12
Gauloise	19.33	0.330	56	0.0855	0.2463	0.1943	1.066	226	7848	99.5	18.1	4.35
Bucéphale.	19.78	0.370	76	0.1075	0.4536	0.2179	0.870	184	4360	90.7	22.7	5.46
Creusot.	20.56	0.330	70	0.0855	0.3848	0.2082	1.020	240	5343	98.7	20.1	4.83
Alcide.	20.93	0.350	65	0.0962	0.3421	0.2082	0.870	217	6118	100.4	24.0	5.77
Vesta	21.27	0.340	63	0.0908	0.3117	0.2460	1.039	234	6823	86.4	20.4	4.91
Schneider fr. (Exp).	21.63	0.320	74	0.0804	0.4300	0.1733	1.150	268	5030	124.8	18.8	4.51
Versailles.	22.90	0.380	78	0.1134	0.4778	0.2149	0.972	202	4792	106.5	23.3	5.66
Vésuve.	23.16	0.370	70	0.1075	0.3848	0.2041	1.102	215	6018	113.4	21.0	5.04
Moyennes pour les machines du chemin de Saint-Germain.								152.8	5332	97.8	20.4	4.98
— de Versailles								207.6	5562	102.3	21.1	5.08
Moyennes générales.								194	5505	101.0	21.5	5.05

Des variations très-grandes se manifestent dans les rapports des cheminées et des tuyaux d'échappement; non-seulement les dimensions des cheminées sont exagérées dans un sens ou dans l'autre, ainsi que les tuyaux d'échappement, mais il arrive encore que les grandes cheminées ont de petits tuyaux et réciproquement.

Cependant les moyennes obtenues présentent de l'intérêt.

Le rapport de la surface des tubes, aussi bien que celui de la grille, offre plus d'uniformité.

Quant à la consommation de coke par la grille, elle représente les mêmes rapports que ceux de la surface de chauffe à la surface de la grille; ce sont ces rapports exprimés seulement d'une autre manière qui permettront de comparer les machines locomotives aux machines fixes.

Pour nous appuyer sur des données plus nombreuses, nous avons fait un tableau pour les douze machines locomotives du chemin de fer de Liverpool à Manchester, dont les dimensions sont données par M. de Pambour.

Le tableau suivant contient seulement les rapports généraux qui sont principalement utiles.

TABLEAU 24.

Indiquant pour douze machines locomotives du chemin de fer de Liverpool le rapport de la surface de chauffe réduite à la surface de la cheminée, du tuyau d'échappement, des tubes de fumée, et de la grille.

DÉSIGNATION DES MACHINES.	SURFACE de chauffe réduite en mètres carrés	RAPPORT DE LA SURFACE DE CHAUFFE RÉDUITE A LA SURFACE				Nombre de kil. de coke à brûler par heure et par décim. carré de grille pour une consommation de 24 kil. par m. q de chauffe réduite.
		de la cheminée.	du tuyau d'échapp. (1)	des tubes de fumée.	de la grille.	
CHEMIN DE FER DE LIVERPOOL A MANCHESTER.						
Samson.........	16.662	207	»	90.2	23.8	5.70
Jupiter.........	10.384	142	»	98.2	18.3	4.40
Goliath.........	16.366	203	»	92.8	23.4	5.63
Vulcan.........	12.733	136	»	88.8	21.1	5.06
Fury.........	12.586	135	»	87.7	21.1	5.30
Victory.........	12.135	130	»	93.3	20.8	4.99
Atlas.........	12.061	165	2741	138.4	14.0	3.37
Vesta.........	12.214	178	»	123.3	18.6	4.46
Liver.........	12.492	133	»	91.9	16.5	3.97
Ajax.........	10.106	109	»	79.4	17.8	4.30
Leeds.........	12.758	136	5571	88.9	22.1	5.31
Firefly.........	15.305	164	4753	103.8	22.9	5.51
Moyennes..............		153	»	98.1	20.1	4.83
— des machines de St-Germ.		153	53.3	97.8	20.4	4.98
— des machines de Versailles		208	55.6	102.3	21.1	5.08
Moyennes générales.......		177	»	99.8	19.8	4.96

(1) Les diamètres des tuyaux d'échappement ne sont pas indiqués pour toutes les machines d'une manière rigoureuse ; ils varient de 57 à 64 millimètres , en se rapprochant de 64 d'après M. de Pambour.

Le rapport en général sera donc plus faible que pour les dernières machines.

Les moyennes obtenues pour les douze machines du chemin de fer de Liverpool, que nous venons de calculer, diffèrent peu en général des rapports calculés pour les machines des chemins de fer de Saint-Germain et de Versailles.

Un seul point peut être excepté, celui des cheminées. Leur surface est presque restée stationnaire, on n'a point augmenté dans une proportion aussi considérable que les surfaces de chauffe. Ceci ressort bien nettement des rapports indiqués au tableau précédent. Pour les machines de Liverpool, le rapport de la surface de chauffe réduite à la surface de la cheminée est de 153 en moyenne. Pour le chemin de fer de Saint-Germain ce rapport est encore de 153, tandis que pour le chemin de Versailles il s'élève jusqu'à 268 et en moyenne à 208.

En supposant, comme il est naturel de le penser, que ces machines consomment du combustible proportionnellement à leur surface de chauffe, il en résultera que les vitesses d'écoulement de la fumée seront proportionnelles aux rapports que nous venons d'indiquer; et par conséquent beaucoup plus grandes pour les machines du chemin de Versailles que pour toutes les autres.

Les rapports de la section des tubes de fumée aux surfaces de chauffe réduites présentent moins de différence: ils varient de $1/80$ à $1/125$, et sont en moyenne générale de $1/100$. La vitesse d'écoulement de la fumée par les tubes est donc restée dans les nouvelles machines ce qu'elle était précédemment: seulement, rapportée à la cheminée, cette surface est une fois et demie aussi grande pour les machines du chemin de Saint-Germain; elle en est le double dans les machines de celui de Versailles.

Les surfaces de grille rapportées aux surfaces de chauffe ne présentent que très peu d'anomalies, le rapport moyen est de 1/21, et correspond à une consommation de coke de 5 kil. environ par décimètre carré de surface de grille, et par heure, en supposant que la consommation totale par heure soit en moyenne de 24 kil. par mètre carré de chauffe réduite.

La section du tuyau d'échappement est en moyenne générale de $1/5500$, de la surface de chauffe réduite : dans quelques machines ce rapport s'élève jusqu'à $1/7850$; dans d'autres il s'abaisse à $1/4430$, mais la moyenne s'écarte peu de la généralité.

Pour rechercher le travail qu'il est nécessaire de dépenser pour imprimer à la fumée une vitesse convenable, nous avons été obligés de partir de quelques règles admises pour toutes les autres chaudières, et de les appliquer aux machines locomotives.

Le volume minimum de l'air qui passera dans le foyer serait celui duquel tout l'oxigène serait enlevé ; mais il ne peut en être ainsi : il y a toujours une grande partie de l'air qui passe sans se consumer, et, en adoptant la même règle que pour les autres foyers, on doit supposer que la moitié seulement de l'air est brûlée, et que chaque kilogramme de coke exige 18 mètres cubes d'air froid pesant 23 kil.

Ainsi, une machine locomotive qui peut brûler 550 kil. de coke par heure a besoin et emploie dans le même temps 12650 kil. d'air ou près de 10000 mètres cubes.

L'air froid arrive sous la grille, la traverse ainsi que la masse de combustible et s'élève à une haute température; il passe dans les tubes, où il se refroidit sensiblement, et arrive à la cheminée en conservant encore une partie notable de sa chaleur : c'est là que le jet de vapeur du tuyau d'échappement l'entraîne dans son mouvement, et produisant un appel donne un tirage suffisant.

La fumée occupe un volume beaucoup plus considérable et qui dépend de ses diverses températures. En supposant que la température de l'air dans la cheminée et à la sortie des tubes soit de 500° (ce qui ne s'écarte pas beaucoup de la réalité), le volume de l'air serait alors beaucoup augmenté; le coefficient de dilatation de l'air étant de 0,00375 par chaque degré, et étant supposé rester le même jusqu'à 500°, le volume primitif deviendrait :

$$V \times (1 + 500 \times 0,00375) = 2,90 \text{ ou près de trois fois ce qu'il était à } 0°.$$

Il est facile de déterminer pour chaque machine (connaissant la consommation de coke par heure), la quantité d'air froid nécessaire en poids et en volume et d'en calculer le volume à la température de 500°.

Ces nombres sont indiqués dans le tableau 25.

Les vitesses de passage de l'air sont ainsi déterminées très approximativement en tenant compte des obstacles et des contractions; que nous avons cherché à déterminer pour la grille, les tubes et pour la cheminée.

1° La surface de grille est loin d'être complètement dégagée, les barres qui la composent présentent de nombreux obstacles; nous avons donc supposé que le 1/4 seulement de la surface totale était libre, et nous en avons déduit la vitesse de passage de l'air froid.

2° La section des tubes de fumée devrait être réduite beaucoup à cause des viroles ; et, d'un autre côté, la température plus élevée des premières parties exigerait probablement l'augmentation du coefficient : celui que nous avons adopté est 0,80. Ainsi la surface des tubes doit être diminuée dans la même proportion pour reproduire les vitesses indiquées.

3° Enfin pour la cheminée nous avons admis un coefficient de 0,90 à cause des contractions d'abord et ensuite parcequ'elle reçoit également la vapeur dont le volume est assez considérable (1).

Nous avons mis en regard des vitesses calculées dans la cheminée les vitesses moyennes d'écoulement de la vapeur dans le tuyau d'échappement, afin de discuter les rapports qui existent.

(1) En comparant le volume de la fumée produite par 1 k. de coke au volume de 5 k. de vapeur qu'il fournit, et cherchant ce volume à la pression atmosphérique, on trouve que 1 k. de coke correspondant à 18 m. c. d'air froid fournit 52, m. 2 de fumée à 500° et que 5 k. de vapeur à 1 m. c. 70 chaque, donnent un volume de 8 m. c. 5 ,soit $1/_6$ du volume de la fumée. Le coefficient ne seroit donc pas assez fort.

TABLEAU 25. — Indiquant pour les machines des chemins de fer de Saint-Germain et de Versailles (rive droite) la quantité d'air consommé par 1″ et la vitesse d'écoulement dans la cheminée et dans les tubes pour une vaporisation de 120 kil. par mètre carré de surface de chauffe réduite et par heure.

DÉSIGNATION DES MACHINES.	SURFACE DE CHAUFFE RÉDUITE en mètres carrés.	Coke brûlé par heure à raison de 24 k. par mètre carré de chauffe réduite	AIR CONSOMMÉ PAR 1″. EN MÈTRES CUBES Froid.	AIR CONSOMMÉ PAR 1″. EN MÈTRES CUBES A LA température de 500°.	AIR CONSOMMÉ PAR 1″. EN POIDS.	VITESSE D'ÉCOULEMENT de l'air froid dans la grille.	VITESSE D'ÉCOULEMENT de la fumée dans les tubes.	VITESSE D'ÉCOULEMENT de la fumée dans la cheminée.	VITESSE MOYENNE d'écoulement de la vapeur par le total d'échappem.	RAPPORT de la vitesse d'échappem. à la vitesse dans la cheminée.
	m. q.	kil.	m. c.	m. c.	kil.	m.	m.	m.	m.	
CHEMIN DE SAINT-GERMAIN.										
Denys Papin..	10.71	257	1.285	3.727	1.671	8.0	49.2	45.6	275	6.11
Bury.	13.07	314	1.570	4.553	2.041	9.5	40.3	55.7	267	4.85
Tayleur.	14.88	357	1.785	5.177	2.321	11.5	52.4	67.2	281	4.19
Etna..	16.88	405	2.025	5.873	2.633	11.0	52.5	67.8	256	3.82
CHEMIN DE VERSAILLES.										
Jean Bart.	14.91	358	1.790	5.191	2.327	11.3	53.8	53.7	301	5.68
Stephenson.	16.19	389	1.945	5.641	2.529	7.1	44.0	69.0	234	3.39
Atlas.	17.22	413	2.065	5.989	2.685	10.7	55.4	77.8	240	3.12
Alsace.	18.26	438	2.190	6.251	2.847	10.3	47.4	72.2	271	3.76
Gauloise.	19.33	464	2.320	6.728	3.016	″	49.5	87.4	342	3.92
Bucéphale.	19.78	475	2.375	6.898	3.088	10.9	45.2	71.2	235	3.31
Creusot.	20.56	493	2.465	7.149	3.205	9.7	49.0	92.8	272	2.92
Alcide.	20.93	502	2.510	7.279	3.263	11.5	49.9	83.9	295	3.51
Vesta.	21.27	511	2.555	7.410	3.322	10.0	43.0	91.7	317	3.44
Schneider frères (exposition).	21.63	519	2.595	7.526	3.374	9.0	62.0	104.0	260	2.50
Versailles.	22.90	550	2.750	7.975	3.575	11.3	53.0	78.0	251	3.22
Vésuve.	23.16	556	2.753	7.984	3.579	10.0	55.8	82.5	294	3.54
Moyenne pour le chemin de Saint-Germain, 4 machines.						10.0	48.6	59.1	279	4.69
— Versailles, 12 machines.						10.2	50.5	80.3	276	3.52
Moyenne générale.						10.1	50.0	75.0	274	3.83

Les vitesses du passage de l'air froid entre les barreaux sont de 10 m. par seconde et ne peuvent produire une grande résistance.

Les vitesses de la fumée dans les tubes sont en moyenne de 49 mètres; elles s'élèvent au plus à 55 m. et montrent la même uniformité pour les diverses espèces de machines. Mais les vitesses moyennes de la fumée dans la cheminée, qui sont de 60 m. environ pour les machines du chemin de fer de Liverpool et du chemin de fer de Saint-Germain, s'élèvent en moyenne jusqu'à 80 m. dans les nouvelles machines du chemin de fer de Versailles ; et ces vitesses sont même de 92 m. et 104 m. pour certaines machines.

Pour faire ressortir toute la puissance nécessaire pour imprimer à l'air de pareilles vitesses , nous donnons ici un tableau des pressions et des vitesses d'écoulement de l'air dans les hauts-fourneaux.

TABLEAU 26.

PRESSION EFFECTIVE DE L'AIR		VITESSE D'ÉCOULEMENT EN MÈTRES PAR SECONDE.	TRAVAIL pour lancer un mètre cube d'air froid PAR SECONDE (en chevaux-vapeur).
EN CENTIMÈTRES de mercure.	EN MÈTRES d'eau.		
c.			
1	0.136	45	2.00
2	0.272	63	3.61
3	0.498	77	5.40
4	0.544	88	7.00
5	0.680	98	9.00
6	0.816	107	10.80
7	0.952	115	12.60

Ainsi les vitesses d'écoulement de l'air dans les cheminées des machines locomotives seraient aussi grandes que par la buse des hauts-fourneaux, qui marchent généralement à des pressions de 2 à 5 c. m. de mercure. Cette intensité de vent exige des moteurs quelquefois très puissans; et cependant les buses par lesquelles le vent est lancé sont petites, elles ont 0 m., 08 de diamètre au plus : on comprend alors quelle fraction de la puissance il faudra pour maintenir la même vitesse d'écoulement avec des sections comme celles des cheminées des machines locomotives.

Il y a donc un travail très-grand à produire , et qui rend parfaitement compte de la pression que l'on est obligé de maintenir dans le tuyau d'échappement.

Si on analyse les progressions que suivent les vitesses et les pressions, on remarque que ces dernières augmentent beaucoup plus rapidement; il en résulte que pour obtenir une vitesse de 88 m. il faut un travail double de celui qu'exige une vitesse de 63 m.

Il semblerait donc que le rétrécissement des cheminées dans une certaine proportion est un défaut grave, et absorbe inutilement le travail de la machine en gênant l'écoulement de la fumée et en diminuant la consommation du coke.

Le travail théorique nécessaire pour imprimer assez de vitesse à l'air est très-considérable, il se compte par 10 et 20 chevaux de force; le calcul du travail qu'exige l'air en mouvement se fait de la même manière que pour la vapeur, en prenant la moitié de sa force vive : c'est celui qui figure dans le tableau 27.

TABLEAU 27.

Indiquant pour diverses machines des chemins de fer de Saint-Germain et de Versailles (rive droite) le travail nécessaire pour imprimer à la fumée dans la cheminée la vitesse suffisante, comparé au travail minimum de la vapeur en s'écoulant du tuyau d'échappement.

DÉSIGNATION DES MACHINES.	CONSOMMATION de COKE par HEURE.	MOUVEMENT DE LA FUMÉE dans la cheminée.			ÉCHAPPEM.t de la VAPEUR dans la cheminée			rapport du travail de la vapeur à celui nécessaire pour mettre en mouvement la fumée.	travail employé au minimum ou force en chevaux par 100 k. de coke brûlé.
		POIDS de l'air brûlé par 1".	VITESSE moyenne de marche de la fumée.	travail correspondant en kilog. par 1".	POIDS de la vapeur par 1".	vitesse moyenne d'écoulement.	travail correspondant en kilogrammètres par 1".		
	k.	k.	m.	kil.	kil.	m.	kil.		
CHEMIN DE SAINT-GERMAIN.									
Denys Papin.....	257	1.671	45.6	176	0.359	275	1364	7.75	0.9
Bury..........	314	2.041	55.7	320	0.435	267	1542	4.81	1.4
Tayleur........	357	2.321	67.2	621	0.496	281	1937	3.12	2.3
Etna..........	405	2.633	67.8	409	0.563	256	1819	4.45	1.3
CHEMIN DE VERSAILLES.									
Jean Bart.	358	2.327	53.7	339	0.496	301	2193	6.47	1.3
Stephenson......	389	2.529	69.0	612	0.540	234	1422	2.32	2.1
Atlas..........	413	2.685	77.8	817	0.574	240	1581	1.94	2.6
Alsace.........	438	2.847	72.2	738	0.609	271	2176	2.94	2.2
Gauloise.......	464	3.016	87.4	1441	0.644	342	3724	2.58	4.2
Bucéphale......	475	3.088	71.2	780	0.659	235	1730	2.22	2.2
Creusot........	493	3.205	92.2	1386	0.685	272	2449	1.76	3.7
Alcide.........	502	3.263	83.9	1151	0.696	295	3003	2.61	3.1
Vesta..........	511	3.322	91.7	1375	0.709	317	3475	2.52	3.6
Schneider f. (exp).	519	3.374	104.0	1825	0.721	260	2417	1.32	4.7
Versailles......	550	3.575	78.0	1087	0.763	251	2074	1.91	2.6
Vésuve........	556	3.579	82.5	1233	0.772	294	3254	2.63	2.9
Moyennes de Saint-Germain.........					0.463	270	1665	5.30	1.47
Moyennes de Versailles.............					0.656	276	2458	2.60	2.94
Moyennes générales...............					0.607	274	2260	3.21	2.56

Le rapport du travail que conserve la vapeur à celui qui est nécessaire pour mettre en mouvement la fumée, serait de 3.20. en moyenne, mais en réalité il est beaucoup plus considérable, puisque le travail indiqué ici pour la vapeur est un minimum comme nous l'avons démontré dans le chapitre précédent et quelquefois il s'élève jusqu'au double.

La différence entre le travail fait et le travail dépensé serait donc beaucoup plus grande que le tableau précédent ne l'indique.

Il est néanmoins probable que le jet de vapeur appliqué comme moyen de puissance donne des résultats avantageux.

Il est une raison qui du reste fait bien ressortir toute la puissance de tirage qui existe dans les machines locomotives, c'est la consommation de combustible sur la grille.

Dans les chaudières ordinaires on brûle par décimètre quarré et par heure de o k. 5 à 1 k. de houille ou de coke, et en moyenne o, k. 60. Dans les machines locomotives la consommation moyenne est de 5 k., c'est-à-dire huit fois plus considérable. Et cependant dans les premières le tirage produit par les hautes cheminées représente un travail réel.

Combien alors ne faut-il pas de puissance dans les machines locomotives pour faire passer dans la même masse de combustible 7 et 8 fois autant d'air ! Nul doute que ce travail ne soit encore plus considérable que celui que nous avons calculé pour mettre en mouvement l'air dans la cheminée, car, dans les machines que nous avons citées, celles qui ont de petites cheminées consomment une quantité de coke sensiblement la même par élément de surface de chauffe que les machines ayant de plus grandes cheminées. En serait-il ainsi si la cheminée était le principal obstacle ! Ce fait est d'autant plus saillant que quelques cheminées très-petites n'ont pas de tuyau d'échappement aussi rétréci qu'il devrait l'être en proportion, et cependant ces machines produisent de la vapeur.

Il est donc important de donner aux machines locomotives des surfaces de grille assez grandes si l'on veut brûler une quantité de coke convenable et produire suffisamment de vapeur. La proportion de 5 k. de coke par décimètre carré ne doit pas être dépassée.

Nous avons ainsi une raison de cette anomalie qui nous apparaissait d'abord de la petitesse comparative des cheminées des dernières machines locomotives. La cheminée en effet n'est pas seulement un appareil conducteur, et comme tel devant présenter la plus grande dimension possible; elle fait partie des moyens mécaniques de tirage, et doit se coordonner avec le tuyau d'échappement.

La vapeur qui s'écoule de celui-ci avec une très-grande vitesse entraîne l'air dans son mouvement. Il est probable que la vapeur ne remplit pas toute la surface de la cheminée, qu'elle s'élève suivant un cône renversé plus ou moins allongé, et que les molécules de l'air sont influencées par le frottement et l'adhérence.

Une cheminée trop grande peut avoir pour effet de permettre à l'air de s'écarter pour donner passage à la vapeur, et de perdre ainsi une grande partie de sa puissance. Il faut donc être circonspect dans l'augmentation de diamètre et ne pas dépasser une certaine limite.

Les inconvéniens des petites cheminées ne paraissent pas aussi considérables que le calcul l'indique, puisqu'elles n'empêchent pas les locomotives de brûler des quantités sensiblement les mêmes de combustible.

CONCLUSION.

En passant en revue les diverses questions que nous avons examinées dans cette note, nous ferons ressortir toute l'importance qu'offrent deux d'entr'elles : celle de l'avance du tiroir et celle de la pression dans le tuyau d'échappement.

La première, que nous avons cherché à étudier avec autant de soin que possible, nous a amenés, nous le pensons, à des résultats bien nets et bien certains. L'avance du tiroir est une nécessité dans les machines locomotives; quels que soient leur but, leur vitesse, leur tension de vapeur, elle procure toujours une grande économie

L'avance qu'il nous semble convenable d'appliquer est représentée par un angle de 25°; elle doit être accompagnée d'un recouvrement extérieur correspondant aux 2/3 de la quantité linéaire que représente l'avance, afin d'empêcher la contre-vapeur au commencement de la course, d'intercepter plus tôt l'admission de la vapeur et d'augmenter par conséquent la détente.

L'économie que l'on retirerait d'une telle avance est au moins de 25 pour 100 sur la marche sans avance ; elle provient de la résistance de la vapeur qui se détend par les lumières de sortie que l'on économise, que l'on utilise même, et ensuite de l'emploi de la détente due au recouvrement.

L'avance du tiroir donne de l'économie et par suite de la vitesse pour la même production de vapeur.

Les calculs que nous avons faits sur la pression qui existe dans les tuyaux d'échappement ont déjà été confirmés par quelques expériences qui indiquent qu'ils sont des minimum.

La conséquence que l'on peut en tirer c'est qu'il y a dans le tuyau d'échappement une résistance fort considérable dont on n'avait pas tenu compte jusqu'à présent, et qui devra figurer dorénavant dans le calcul des machines.

Le travail considérable que conserve encore la vapeur en s'échappant est employé au tirage. En analysant toutes les résistances de la fumée pour passer dans les tubes et dans la cheminée, en tenant compte de ce qui est nécessaire pour activer la combustion du foyer et faire brûler huit fois plus de coke pour la même surface de grille que dans les chaudières ordinaires, on se convaincra de la nécessité d'appliquer au tirage une force considérable, et on arrivera à reconnaître l'obligation où l'on est de laisser une pression notable dans le tuyau d'échappement.

Évidemment, cependant, cette partie des machines locomotives doit recevoir des perfectionnemens; car, dans certaines circonstances, la pression qu'elle maintient sur le piston est tellement forte, qu'elle absorbe près de la moitié du travail développé.

On arrivera à mettre l'orifice du tuyau d'échappement à la portée du mécanicien, qui pourra augmenter ou diminuer à volonté sa section suivant que l'on aura besoin de plus ou de moins de tirage.

Les dimensions des cheminées nous ont aussi occupés; ce que nous en disons provoquera de la part des personnes qui emploient des machines locomotives des investigations nombreuses, nous n'en doutons pas. Il s'agit de déterminer la limite de l'augmentation de la cheminée pour que le jet de vapeur soit le mieux utilisé. Les expériences sur l'augmentation du diamètre de la cheminée doivent être faites progressivement et avec précaution.

Nous n'insistons pas ici sur les dimensions des lumières et des conduits de vapeur; en adoptant les moyennes que nous avons indiquées précédemment, il n'y a que des résistances insignifiantes provenant du passage de la vapeur.

Nous appelons enfin les critiques et surtout les expériences des praticiens sur :

1° L'avance du tiroir telle que nous l'exposons;

2° Sur le tuyau d'échappement quant à la pression moyenne qu'il maintient contre le piston, et quant à la manière dont la vapeur agit sur la fumée dans la cheminée.

TABLE

DES MATIÈRES.

SECTION I.

SECTION III.

SECTION IV.

Des cheminées et du tirage. — Conduits de fumée. — Grilles 73